Extreme Programming

Programmer's Choice

Kent Beck

Extreme Programming

Die revolutionäre Methode
für Softwareentwicklung in kleinen Teams

ADDISON-WESLEY

An imprint of Pearson Education

München • Boston • San Francisco • Harlow, England
Don Mills, Ontario • Sydney • Mexico City
Madrid • Amsterdam

Die Deutsche Bibliothek – CIP-Einheitsaufnahme

Ein Titeldatensatz für diese Publikation ist bei
Der Deutschen Bibliothek erhältlich.

10 9 8 7 6 5 4 3 2
03 02 01

Die amerikanische Originalausgabe ist erschienen bei Addison-Wesley USA unter
dem Titel »Extreme Programming Explained. Embrace Change«, ISBN 0-201-61641-6

ISBN 3-8273-1709-6

ein Imprint der Pearson Education Deutschland GmbH
Martin-Kollar-Straße 10–12, D-81829 München/Germany

Einbandgestaltung: Christine Rechl, München
Titelbild: Aconitum, Eisenhut. © Karl Blossfeldt Archiv –
Ann und Jürgen Wilde, Zülpich/VG Bild-Kunst Bonn, 2001.
Übersetzung: Ingrid Tokar für trans-it, München
Lektorat: Susanne Spitzer, sspitzer@pearson.de
Korrektorat: Andrea Stumpf
Herstellung: Anna Plenk, aplenk@pearson.de
Satz: reemers publishing services gmbh, Krefeld. Gesetzt aus der Stone Serif 9 pt.
Druck und Verarbeitung: Mediaprint, Paderborn
Printed in Germany

Für meinen Vater

Ich danke Cindee Andres, meiner Frau und Partnerin, die darauf bestand, dass ich mich nicht um sie kümmere und stattdessen schreibe. Ich danke Bethany, Lincoln, Lindsey, Forrest und Joelle, die einige Zeit auf mich verzichtet haben, damit ich tippen konnte.

Inhaltsverzeichnis

Vorwort

Extreme Programming (XP) erklärt das Programmieren zur Schlüsselaktivität während der gesamten Dauer eines Softwareprojekts. Das kann unmöglich funktionieren!

Es ist an der Zeit, einen Moment lang über meine eigene Entwicklungsarbeit nachzudenken. Ich arbeite in einer Just-in-Time-Softwarekultur mit kurzen Releasezyklen und hohem technischen Risiko. Sich mit Änderungen anzufreunden ist hier eine Überlebensstrategie. Die Kommunikation in und zwischen Teams, die sich oft an unterschiedlichen Orten befinden, erfolgt über den Quellcode. Wir lesen den Code, um neue oder sich in Entwicklung befindende APIs von Subsystemen zu verstehen. Der Lebenszyklus und das Verhalten eines komplexen Objekts wird durch Testfälle festgelegt, also wiederum durch Code. Berichte über Probleme stammen von Testfällen, die das Problem demonstrieren und wiederum in Codeform vorliegen. Schließlich verbessern wir fortlaufend den vorhandenen Code durch Refactoring. Unsere Entwicklung ist zwar codezentriert, aber es gelingt uns trotzdem, Software termingemäß zu liefern und daher scheint diese Form der Entwicklung zu funktionieren.

Man darf daraus nicht schlussfolgern, dass man einfach nur draufloszuprogrammieren braucht, um erfolgreich Software zu produzieren. Software zu produzieren ist schwer und Software pünktlich zu produzieren ist noch schwerer. Damit dies gelingt, muss man zusätzlich bewährte Verfahren diszipliniert einsetzen. An diesem Punkt setzt Kent Becks anregendes Buch über XP ein.

Kent Beck gehört zu den Leitern von Tektronics, die das Potenzial des Programmierens in wechselnden Paaren in Smalltalk für komplexe technische Anwendungen erkannt haben. Zusammen mit Ward Cunningham trug er viel zur Pattern-Bewegung bei, die auf meine Laufbahn großen Einfluss hatte. XP ist ein Ansatz der Softwareentwicklung, der Verfahren kombiniert, die von vielen erfolgreichen Programmierern eingesetzt wurden, aber in der Unmenge von Literatur zum Thema Softwareprozesse und -methoden untergingen. Wie Muster baut XP auf bewährten Verfahren auf, so z.B. Komponententests, Programmieren in Paaren und Refactoring. In XP werden diese Verfahren kombiniert, sodass sie sich gegenseitig ergänzen und häufig auch kontrollieren. Der Schwerpunkt liegt auf dem Zusammenspiel der verschiedenen Verfahren, wodurch dieses Buch einen wichtigen Beitrag leistet. Es gibt nur ein Ziel, nämlich Software mit der richtigen Funktionalität termingerecht zu liefern. Auch wenn OTIs erfolgreicher Just-in-Time-Softwareprozess nicht reines XP ist, weist er viele Gemeinsamkeiten mit XP auf.

Mir hat die Zusammenarbeit mit Kent Beck und das Üben von XP-Episoden an einem kleinen Ding namens Junit Spaß gemacht. Seine Ansichten und Ansätze stellen eine ständige Herausforderung für die Art und Weise dar, in der ich die Softwareentwicklung angehe. Zweifellos stellt XP einige der traditionellen Ansätze großer Methodologien infrage. Mithilfe dieses Buches werden Sie entscheiden können, ob Sie XP gutheißen oder nicht.

Erich Gamma

Einleitung

Dies ist ein Buch zum Thema Extreme Programming (XP). XP ist eine kompakte Methode zur Entwicklung von Software in kleinen bis mittelgroßen Teams, deren Arbeit vagen oder sich rasch ändernden Anforderungen unterliegt. Dieses Buch soll Ihnen bei der Entscheidung helfen, ob XP für Sie geeignet ist.

Einige Leute sind der Meinung, XP entspräche ganz einfach dem gesunden Menschenverstand. Sie mögen sich nun fragen, warum der Name dann das Wort »extrem« enthält. XP setzt allgemein als vernünftig anerkannte Prinzipien und Verfahren in extremer Weise ein.

- Wenn Code Reviews gut sind, dann begutachten wir den Code andauernd (Programmieren in Paaren, engl. pair programming).
- Wenn Testen gut ist, dann testet jeder andauernd (Komponententests, engl. unit tests), auch der Kunde (Funktionstests, engl. functional tests).
- Wenn Design gut ist, dann machen wir es zur alltäglichen Aufgabe (Refactoring).
- Wenn Einfachheit gut ist, dann wählen wir stets dasjenige System, das das einfachste Design aufweist und die geforderte Funktionalität unterstützt (die einfachste Lösung, engl. the simplest thing that could possibly work).
- Wenn die Architektur wichtig ist, dann ist jeder andauernd darum bemüht, die Architektur zu definieren und zu verbessern (Metapher, engl. metaphor).
- Wenn Integrationstests wichtig sind, dann integrieren und testen wir mehrmals täglich (fortlaufende Integration, engl. continuous integration).
- Wenn kurze Iterationszeiten gut sind, dann machen wir sie wirklich kurz – Sekunden, Minuten und Stunden statt Wochen, Monate und Jahre (das Planungsspiel, engl. Planning Game).

Als ich XP zum ersten Mal formulierte, hatte ich das Bild von Reglern auf einem Steuerpult im Kopf. Jeder Regler war ein Verfahren, von dem ich aus Erfahrung wusste, dass es gut funktioniert. Ich wollte alle Regler auf 10 aufdrehen und sehen, was dann passieren würde. Überraschenderweise erwies sich dieses Paket von Verfahren als stabil, vorhersehbar und flexibel.

XP verspricht zweierlei:

- Programmierern verspricht XP, dass sie jeden Tag an etwas arbeiten werden, was wirklich wichtig ist. Sie müssen sich heiklen Situationen nicht allein stellen. Sie werden in der Lage sein, alles in ihrer Macht Stehende zu tun, um ihrem System zum Erfolg zu verhelfen. Sie werden nur solche Entscheidungen fällen, die sie auch fällen können, und werden nicht gezwungen, Entscheidungen zu treffen, für die sie nicht qualifiziert sind.

- Kunden und Managern verspricht XP, dass die Programmierzeit optimal genutzt wird. Alle paar Wochen können sie konkrete Fortschritte im Hinblick auf die Ziele sehen, die ihnen wichtig sind. Sie werden in der Lage sein, mitten in der Entwicklung die Richtung des Projekts zu ändern, ohne dadurch exorbitante Kosten zu verursachen.

Kurzum, XP verspricht, die Projektrisiken zu reduzieren, besser auf Veränderungen der geschäftlichen Anforderungen reagieren zu können, die Produktivität über die gesamte Lebensdauer des Projekts hinweg zu erhöhen und die Erstellung von Software im Team zu etwas zu machen, was Spaß macht – und zwar alles auf einmal. Wirklich. Hören Sie auf zu lachen. Lesen Sie einfach weiter, dann werden Sie herausfinden, ob ich verrückt bin.

Zu diesem Buch

Dieses Buch handelt von dem Denken, das hinter XP steht – den Ursprüngen, der Philosophie, den Geschichten und Mythen. Es will Sie in den Stand setzen, eine wohl erwogene Entscheidung darüber treffen zu können, ob sich XP für Ihr Projekt eignet oder nicht. Wenn Sie dieses Buch lesen und dann richtigerweise entscheiden, XP *nicht* in Ihrem Projekt einzusetzen, habe ich mein Ziel ebenso erreicht, wie wenn Sie richtigerweise entscheiden, XP zu verwenden. Ein weiteres Ziel dieses Buchs besteht darin, denjenigen, die XP bereits einsetzen, zu helfen, XP besser zu verstehen.

In diesem Buch geht es nicht darum, zu erklären, wie man Extreme Programming eigentlich genau durchführt. Sie finden hier weder viele Listen von Bedingungen, die unbedingt erfüllt sein müssen, noch viele Beispiele oder Programmiergeschichten. Dazu müssen Sie online gehen, mit einigen der Coachs sprechen, die hier erwähnt werden, auf das Erscheinen entsprechender Bücher mit praktischen Anleitungen zu diesem Thema warten oder einfach Ihre eigene Version erfinden.

Die weitere Akzeptanz von XP hängt von den Leuten ab (Sie gehören möglicherweise dazu), die mit der Art und Weise, in der die Softwareentwicklung derzeit praktiziert wird, unzufrieden sind. Diese Leute suchen nach einem besseren Verfahren der Softwareentwicklung, sie wollen eine bessere Beziehung zum Kunden und zufriedenere und produktivere Programmierer. Mit anderen Worten, sie wollen Erfolge und scheuen sich nicht davor, neue Ideen auszuprobieren, um sie zu erreichen. Aber wenn man ein Risiko eingeht, möchte man auch davon überzeugt sein, dass man nicht einfach dumm ist.

XP lehrt Sie, anders an die Dinge heranzugehen und steht dabei manchmal in absolutem Widerspruch zu anerkannten Herangehensweisen. Derzeit erwarte ich, dass diejenigen, die sich für den Einsatz von XP entscheiden, überzeugende Gründe dafür haben, anders an die Dinge herangehen zu wollen. Sind diese Gründe gegeben, dann sollten Sie nicht lange zögern. Ich schrieb dieses Buch, um Ihnen Gründe an die Hand zu geben.

Was ist XP?

Was ist XP? XP ist eine leichte, effiziente, risikoarme, flexible, kalkulierbare, exakte und vergnügliche Art und Weise der Softwareentwicklung. XP unterscheidet sich von anderen Methoden durch:

- frühzeitige, konkrete und fortwährende Feedbacks durch kurze Zyklen
- einen inkrementellen Planungsansatz, bei dem schnell ein allgemeiner Plan entwickelt wird, der über die Lebensdauer des Projekts hinweg weiterentwickelt wird
- die Fähigkeit, die Implementierung von Leistungsmerkmalen flexibel zu planen und dabei die sich ändernden geschäftlichen Anforderungen zu berücksichtigen
- die Abhängigkeit von automatisierten Tests, die von den Programmierern und den Kunden geschrieben werden, um den Entwicklungsfortgang zu überwachen, das System weiterzuentwickeln und Mängel frühzeitig zu erkennen
- das Vertrauen darauf, dass mündliche Kommunikation, Tests und Quellcode die Struktur und den Zweck des Systems zum Ausdruck bringen
- die Abhängigkeit von einem evolutionären Designprozess, der so lange andauert, wie das System besteht
- das Vertrauen auf die Zusammenarbeit von Programmierern mit ganz gewöhnlichen Fähigkeiten
- die Abhängigkeit von Verfahren, die sowohl den kurzfristigen Instinkten der Programmierer als auch den langfristigen Interessen des Projekts entgegenkommen

XP ist eine Disziplin der Softwareentwicklung. Es ist eine Disziplin, weil es bestimmte Dinge gibt, die man tun muss, wenn man XP einsetzen will. Man kann es sich nicht aussuchen, ob man automatisierte Tests schreibt oder nicht – wenn man es nicht tut, dann ist es auch kein XP; Ende der Diskussion.

XP ist für Projekte konzipiert, die sich mit Teams von zwei bis zehn Programmierern umsetzen lassen, die durch die vorhandene EDV-Umgebung in keinem besonders hohen Maße eingeschränkt sind und bei denen vernünftige Tests innerhalb weniger Stunden ausgeführt werden können.

XP verschreckt und verärgert einige Leute, die diesem Konzept zum ersten Mal begegnen. Allerdings sind die Ideen von XP keineswegs neu. Die meisten sind so alt wie das Programmieren. In dieser Hinsicht ist XP konservativ – alle XP-Techniken haben sich über Jahrzehnte (was die Implementierungsstrategie betrifft) oder Jahrhunderte (was die Managementstrategie betrifft) bewährt.

Das Innovative an XP ist:

- Es bringt all diese Verfahren unter einen Hut.
- Es stellt sicher, dass diese Verfahren möglichst gründlich ausgeübt werden.
- Es stellt sicher, dass sich diese Verfahren im höchsten Maß gegenseitig stützen.

Was ist genug?

In seinen Büchern *The Forest People* und *The Mountain People* zeichnet der Anthropologe Colin Turnbull Bilder zweier gegensätzlicher Gesellschaften. In den Bergen waren die Ressourcen rar und die Menschen immer von der Gefahr des Verhungerns bedroht. Dort entwickelte sich eine schreckliche Kultur. Mütter überließen ihre Kinder herumstreifenden Horden verwilderter Kinder, sobald sie allein überleben konnten. Gewalt, Brutalität und Betrug waren an der Tagesordnung.

Im Gegensatz dazu gab es im Wald genügend Ressourcen. Ein Mensch konnte innerhalb einer halben Stunde seinen Tagesbedarf decken. Die Waldkultur war der Bergkultur genau entgegengesetzt. Die Erwachsenen zogen die Kinder gemeinsam auf, die so lange ernährt und umsorgt wurden, bis sie in der Lage waren, für sich selbst zu sorgen. Wenn ein Mensch versehentlich einen anderen tötete (vorsätzliche Verbrechen kannte man nicht), wurde er ins Exil geschickt; aber er musste nur ein kleines Stück in den Wald gehen und dort nur einige Monate bleiben und selbst dann brachten ihm andere Stammesmitglieder Geschenke in Form von Nahrung.

XP ist ein Experiment, das folgende Frage beantworten soll: »Wie würde man programmieren, wenn man genug Zeit hätte?« Wir können uns nicht mehr Zeit nehmen, da es schließlich immer noch um ein Geschäft geht und wir mitspielen, weil wir gewinnen wollen. Aber wenn man genug Zeit hätte, dann würde man Tests schreiben, man würde das System umstrukturieren, wenn es angebracht erschien, man würde viel mit den anderen Programmierern und mit dem Kunden reden.

Solch eine Mentalität der Zulänglichkeit ist menschlich, im Gegensatz zu der erbarmungslosen Plackerei nicht einhaltbarer, auferlegter Termine, die so viele begabte Programmierer aus der Programmierung vertreibt. Die Mentalität der Zulänglichkeit zahlt sich aber auch geschäftlich aus. Sie schafft ihre eigenen Effizienzen, ebenso wie die Mentalität des Mangels ihre eigene Verschwendung erzeugt.

Gliederung

Dieses Buch ist so geschrieben, als würden Sie und ich zusammen eine neue Disziplin der Softwareentwicklung schaffen. Wir überprüfen zuerst unsere Grundannahmen über die Softwareentwicklung. Dann arbeiten wir die eigentliche Disziplin aus. Wir überprüfen die Implikationen der von uns geschaffenen Disziplin und ziehen Schlussfolgerungen daraus – wie man sie sich aneignen kann, wann sie nicht übernommen werden sollte und welche Möglichkeiten sich in geschäftlicher Hinsicht daraus ergeben.

Dieses Buch ist in drei Teile gegliedert:

- Das Problem: Kapitel 1, »Risiko: Das Grundproblem«, bis Kapitel 9, »Zurück zu den Grundlagen«, beschreiben das Problem, das Extreme Programming zu lösen versucht, und stellen Kriterien zur Einschätzung der Lösung vor.
- Die Lösung: In Kapitel 10, »Kurzer Überblick«, bis Kapitel 18, »Teststrategien«, werden die abstrakten Ideen des ersten Teils in Verfahren einer konkreten Methodik umgewandelt. Dieser Teil erläutert nicht, wie Sie diese Verfahren im Einzelnen umsetzen, sondern deren allgemeine Form. Die einzelnen Verfahren werden vor dem Hintergrund des Problems und der Prinzipien, die im ersten Teil eingeführt wurden, besprochen.
- XP implementieren: Kapitel 19, »XP übernehmen«, bis Kapitel 26, »XP in der Praxis«, beschreiben eine Reihe von Themen, die mit der Implementierung von XP in Zusammenhang stehen – wie man XP umsetzt, was von den verschiedenen Leuten in einem XP-Projekt erwartet wird, wie sich XP der Geschäftsseite gegenüber darstellt.

Danksagung

Ich schreibe hier nicht in der ersten Person, weil es sich um meine Ideen handelt, sondern weil dies meine Perspektive auf diese Ideen ist. Die meisten XP-Verfahren sind so alt wie das Programmieren selbst.

Ward Cunningham ist meine unmittelbare Quelle für einen Großteil dessen, was Sie hier lesen. In vielerlei Hinsicht habe ich die letzten fünfzehn Jahre damit verbracht, anderen Leuten das zu erklären, was er intuitiv tut. Ich danke Ron Jeffries dafür, es versucht und dann viel besser gemacht zu haben. Ich danke Martin Fowler dafür, es auf nicht beängstigende Weise erklärt zu haben. Ich danke Erich Gamma für die langen Gespräche, während wir die Schwäne im Limmat beobachtet haben, und dafür, dass er mich nicht mit nicht durchdachten Schlussfolgerungen hat davonkommen lassen. Und nichts von all dem hätte stattgefunden, wenn ich nicht meinem Vater Doug Beck über Jahre hinweg beim Programmieren zugesehen hätte.

Ich danke dem C3-Team bei Chrysler dafür, mir gefolgt zu sein und mich dann auf dem Weg zum Gipfel überholt zu haben. Mein besonderer Dank gilt unseren Managern Sue Unger und Ron Savage für ihren Mut, als sie uns die Chance gaben, es auszuprobieren.

Ich danke Daedalos Consulting für die Unterstützung beim Schreiben dieses Buchs.

Der Ehrentitel eines Meisterrezensenten wird an Paul Chisholm verliehen für seine umfassenden, aufmerksamen und häufig wirklich lästigen Kommentare. Ohne sein Feedback wäre dieses Buch nicht halb so gut.

Ich habe die Zusammenarbeit mit meinen ersten Lesern und Gutachtern wirklich genossen. Zumindest haben sie mir enorm geholfen. Ich kann ihnen nicht genug dafür danken, sich durch meine Prosa gekämpft zu haben, die für manche in einer fremden Sprache vorlag. Ich danke hier folgenden Personen (die in der zufälligen Reihenfolge aufgeführt werden, in der ich ihre Kommentare gelesen habe): Greg Hutchinson, Massimo Arnoldi, Dave Cleal, Sames Schuster, Don Wells, Joshua Kerievsky, Thorsten Dittmar, Moritz Becker, Daniel Gubler, Christoph Henrici, Thomas Zang, Dierk König, Miroslav Novak, Rodney Ryan, Frank Westphal, Paul Trunz, Steve Hayes, Kevin Bradtke, Jeanine De Guzman, Tom Kubit, Falk Brügmann, Hasko Heinecke, Peter Merel, Rob Mee, Pete McBreen, Thomas Ernst, Guido Hächler, Dieter Holz, Martin Knecht, Dirk Krampe, Patrick Lisser, Elisabeth Maier, Thomas Mancini, Alexio Moreno, Rolf Pfenninger und Matthias Ressel.

Teil 1

Das Problem

Dieser Teil zeigt, innerhalb welchen Rahmens Extreme Programming sinnvoll ist, indem verschiedene Seiten des Problems erläutert werden, das durch eine neue Disziplin der Softwareentwicklung gelöst werden soll. Es werden die Grundannahmen besprochen, die wir bei der Auswahl von Verfahren für verschiedene Aspekte der Softwareentwicklung unterstellen – die treibende Metapher, die vier Werte, die von diesen Werten abgeleiteten Prinzipien und die Maßnahmen, die durch unsere neue Entwicklungsdisziplin strukturiert werden sollen.

1 Risiko: Das Grundproblem

Die Softwareentwicklung kann die Erwartungen nicht erfüllen. Dieses Scheitern hat weitreichende Auswirkungen im geschäftlichen und menschlichen Bereich. Wir müssen einen neuen Weg finden, Software zu entwickeln.

Das Grundproblem der Softwareentwicklung besteht im Risiko. Es folgen einige Beispiele für dieses Risiko:

- Terminverzögerungen – Der Liefertermin naht und Sie müssen dem Kunden sagen, die Software wird erst in sechs Monaten fertig.
- Projektabbruch – Nach mehreren Terminverzögerungen wird das Projekt eingestellt, ohne jemals die Produktreife erreicht zu haben.
- Das System wird unrentabel – Die Software wird erfolgreich in Betrieb genommen, aber nach ein paar Jahren steigen die Kosten für die Durchführung von Änderungen oder die Fehlerrate so stark an, dass das System ausgetauscht werden muss.
- Fehlerrate – Die Software wird in Betrieb genommen, hat jedoch eine so hohe Fehlerrate, dass sie nicht verwendet wird.
- Das Geschäftsziel wurde falsch verstanden – Die Software wird in Betrieb genommen, löst aber nicht das ursprüngliche Problem.
- Das Geschäftsziel ändert sich – Die Software wird in Betrieb genommen, aber das Problem, das sie ursprünglich lösen sollte, wurde durch ein anderes, dringenderes Geschäftsproblem abgelöst.
- Falsche Funktionsfülle – Die Software verfügt über eine Unmenge von potenziell interessanten Funktionen, deren Programmierung Spaß gemacht hat, die jedoch dem Kunden keinen Gewinn bringen.
- Personalwechsel – Nach zwei Jahren werden alle guten Programmierer des Projekts überdrüssig und kündigen.

Sie werden auf diesen Seiten mehr über Extreme Programming (XP) erfahren, das mit Risiken auf allen Ebenen des Entwicklungsprozesses umgehen kann. XP ist zudem sehr produktiv, ermöglicht qualitativ hochwertige Software und macht in der Praxis großen Spaß.

Wie geht XP mit den oben angeführten Risiken um?

- Terminverzögerungen – XP fordert kurze Releasezyklen mit einer maximalen Dauer von einigen Monaten, so dass sich Terminverzögerungen immer im Rahmen halten. In XP werden innerhalb eines Releases in ein- bis vierwöchigen Iterationen vom Kunden geforderte Funktionen implementiert, damit dieser ein detailliertes Feedback zum Arbeitsfortschritt erhält. Innerhalb einer Iteration wird in XP in Schritten von ein bis drei Tagen geplant, damit das Team bereits während einer Iteration Probleme lösen kann. Schließlich fordert XP, dass die Funktionen mit der höchsten Priorität zuerst implementiert werden, so dass diejenigen Funktionen, die sich nicht zum geforderten Liefertermin realisieren lassen, von geringerer Bedeutung sind.
- Projektabbruch – XP fordert den Kunden auf, die kleinste, geschäftlich sinnvolle Version zu wählen, sodass weniger schief gehen kann, bevor die Software die Produktionsreife erreicht, und die Software den größten Wert hat.
- Das System wird unrentabel – XP erstellt und behält eine umfassende Menge von Tests bei, die nach jeder Änderung (mehrmals täglich) ausgeführt werden, um sicherzustellen, dass die Qualitätsanforderungen erfüllt werden. XP hält das System stets in erstklassigem Zustand. Man lässt nicht zu, dass sich Schrott ansammelt.
- Fehlerrate – XP testet sowohl aus der Perspektive der Programmierer, indem Tests zur Überprüfung einzelner Funktionen geschrieben werden, als auch aus der Perspektive des Kunden, indem Tests zur Überprüfung der einzelnen Leistungsmerkmale des Programms entwickelt werden.
- Das Geschäftsziel wurde falsch verstanden – XP macht den Kunden zum Mitglied des Teams. Die Projektspezifikation wird während der Entwicklung fortwährend weiter ausgearbeitet, sodass sich Lernerfahrungen des Teams und des Kunden in der Software widerspiegeln können.
- Das Geschäftsziel ändert sich – XP verkürzt die Releasezyklen und daher treten innerhalb des Entwicklungszeitraums einer Version weniger Änderungen auf. Während der Entwicklung einer Version kann der Kunde neue Funktionen durch Funktionen ersetzen, die bislang noch nicht implementiert sind. Das Team bemerkt nicht einmal, ob es an neu hinzugekommenen Funktionen arbeitet oder an Leistungsmerkmalen, die vor Jahren definiert wurden.
- Falsche Funktionsfülle – XP besteht darauf, dass nur die Aufgaben mit der höchsten Priorität angegangen werden.
- Personalwechsel – XP fordert von den Programmierern, dass sie für die Aufwandsschätzung und die Fertigstellung der eigenen Aufgaben selbst die Verantwortung übernehmen (engl. accepted responsibility), gibt ihnen Feedback

über die tatsächliche Fertigstellungsdauer, damit sie ihre Einschätzung realistischer treffen können, und respektiert diese Schätzung. Es gibt klare Regeln dafür, wer solche Einschätzungen vornehmen und ändern kann. Daher ist es unwahrscheinlicher, dass Programmierer frustriert werden, weil jemand etwas offensichtlich Unmögliches von ihnen verlangt. XP fördert auch die Kommunikation im Team und dämpft damit das Gefühl der Vereinsamung, das oft Grund der Unzufriedenheit mit einer Position ist. Schließlich beinhaltet XP ein Modell für den Personalwechsel. Neue Teammitglieder werden dazu ermutigt, nach und nach immer mehr Verantwortung zu übernehmen, und erhalten während der Arbeit voneinander und von vorhandenen Programmierern Unterstützung.

Unser Ziel

Wo suchen wir die Lösung, wenn wir davon ausgehen, dass Projektrisiken das Problem darstellen? Wir müssen hierzu einen neuen Stil in der Softwareentwicklung schaffen, der auf diese Risiken eingeht. Wir müssen Programmierer, Manager und Kunden möglichst verständlich über diese Disziplin unterrichten. Wir müssen Richtlinien festlegen, wie sich diese Disziplin an örtliche Gegebenheiten (engl. local adaption) anpassen lässt (also klar machen, was fix und was variabel ist).

Darum geht es in den Teilen 1 und 2 dieses Buchs. Wir werden uns Schritt für Schritt mit den verschiedenen Aspekten des Problems, wie man einen neuen Stil bzw. eine neue Disziplin der Softwareentwicklung entwirft, beschäftigen, und dann werden wir das Problem lösen. Ausgehend von einer Reihe von Grundannahmen werden wir Lösungen ableiten, die festlegen, wie verschiedene Arbeitsbereiche der Softwareentwicklung – Planung, Test, Entwicklung, Design und Deployment – ausgeführt werden sollten.

2 Eine Entwicklungsepisode

Die tägliche Programmierarbeit reicht von Aufgaben, die eindeutig mit einem vom Kunden gewünschten Leistungsmerkmal verknüpft sind, über Tests, Implementierung, Design bis zur Integration. Zumindest in geringem Maße kommen all diese Arbeiten bei der Softwareentwicklung in jeder Episode vor.

Zuerst wollen wir aber kurz vorausblicken auf das von uns angestrebte Ziel. Dieses Kapitel beschreibt das Herzstück von XP – die Entwicklungsepisode. Hier implementieren die Programmierer eine Programmieraufgabe (die kleinste Terminplanungseinheit) und integrieren sie in das übrige System.

Ich sehe mir meinen Stapel mit Taskcards an. Auf der obersten steht: »Aktuelle Quartalszahlen zu Abgaben exportieren.« Ich kann mich erinnern, dass du bei dem spontanen Meeting heute Morgen gesagt hast, du wärst mit der Berechnung der aktuellen Quartalszahlen fertig. Ich frage dich, ob du (mein hypothetischer Teamgefährte) Zeit hast, mir beim Export zu helfen. »Sicher«, sagst du. Die Regel besagt, dass du »Ja« sagen musst, wenn dich jemand um Hilfe bittet. Wir sind gerade Partner beim Programmieren in Paaren geworden.

Wir diskutieren einige Minuten, was du gestern getan hast. Wir reden über die Bins, die du hinzugefügt hast, wie die Tests aussehen und vielleicht auch darüber, dass dir gestern aufgefallen ist, dass das Programmieren in Paaren (engl. pair programming) besser funktioniert, wenn man den Monitor ca. 30 cm weiter nach hinten rückt.

Wir sehen uns die Struktur einiger der vorhandenen Exporttestfälle an. Wir finden einen, der beinahe unseren Anforderungen entspricht. Durch die Abstraktion einer Oberklasse können wir unseren Testfall mühelos implementieren. Wir nehmen die erforderliche Modifikation vor. Wir führen die vorhandenen Tests durch. Sie funktionieren alle einwandfrei.

Du fragst: »Wie sehen die Testfälle für diese Aufgabe aus?«

Ich antworte: »Wenn wir die Exportstation ausführen, sollten die Werte im Exportdatensatz den Werten in den Bins entsprechen.«

»Welche Felder müssen mit Werten gefüllt werden?«, fragst du.

»Ich weiß es nicht. Lass uns Hans fragen.«

Wir unterbrechen Hans bei seiner Arbeit etwa 30 Sekunden lang. Er erklärt uns die fünf Felder, von denen er weiß, dass sie etwas mit den Quartalszahlen zu tun haben.

Wir bemerken, dass sich die von uns erstellte Superklasse in einigen anderen Exporttestfällen nutzen ließe. Da wir bei unserer Aufgabe Ergebnisse sehen möchten, schreiben wir auf unsere To-do-Karte »AbstractExportTest anpassen«.

Nun schreiben wir den Testfall. Da wir gerade die Superklasse für den Testfall erstellt haben, ist es einfach, den Testfall zu schreiben. Wir sind damit in wenigen Minuten fertig. Etwa auf halbem Weg sage ich, »Ich kann mir gut vorstellen, wie wir dies implementieren werden. Wir können...«

»Lass uns erst den Testfall zu Ende bringen«, unterbrichst du mich. Während wir den Testfall schreiben, haben wir Ideen für drei verschiedene Varianten. Du notierst diese auf der To-do-Karte.

Wir stellen den Testfall fertig und führen ihn aus. Er funktioniert nicht. Natürlich. Wir haben bislang ja noch nichts implementiert. »Warte mal«, sagst du. »Gestern früh haben Ralph und ich an einem Rechnerprogramm gearbeitet. Wir schrieben die ersten fünf Testfälle, von denen wir annahmen, dass sie nicht funktionieren würden. Bis auf einen haben sie aber alle gleich beim ersten Mal funktioniert.«

Wir bearbeiten den Testfall mit dem Debugger. Wir sehen uns die Objekte an, mit denen wir rechnen müssen.

Ich schreibe den Code (oder du, je nachdem, wer die klarste Vorstellung davon hat). Während wir mit der Implementierung beschäftigt sind, fallen uns einige weitere Testfälle ein, die wir schreiben sollten. Wir notieren dies auf der To-do-Karte. Der Testfall wird einwandfrei ausgeführt.

Wir nehmen uns den nächsten Testfall vor und dann den nächsten. Ich implementiere sie. Du bemerkst, dass man den Code vereinfachen könnte. Du versuchst, mir zu erklären, wie man ihn vereinfacht. Es nervt mich, dir zuzuhören und gleichzeitig zu implementieren, also schiebe ich die Tastatur zu dir hinüber. Du überarbeitest den Code. Du führst die Testfälle aus. Sie laufen. Du implementierst die nächsten Testfälle.

Nach einer Weile schauen wir auf die To-do-Karte und sehen, dass nur noch die Umstrukturierung der übrigen Testfälle zu erledigen ist. Da bislang alles reibungslos funktioniert hat, machen wir uns an die Umstrukturierung dieser Testfälle und vergewissern uns, dass die überarbeiteten Testfälle fehlerfrei ausgeführt werden.

Die To-do-Karte ist jetzt leer. Wir sehen, dass der Integrationsrechner frei ist. Wir laden die letzte Version. Dann laden wir unsere Änderungen. Dann laden wir sämtliche Testfälle, die neuen und auch jene, die von den anderen bisher geschrieben worden sind. Ein Test schlägt fehl. »Seltsam. Es ist fast einen Monat her, seit bei mir das letzte Mal ein Test während der Integration fehlgeschlagen ist«, sagst du. Kein Problem. Wir debuggen den Testfall und korrigieren den Code. Dann führen wir sämtliche Tests noch einmal aus. Diesmal klappt es. Wir geben unseren Code nun frei.

So sieht also der gesamte XP-Entwicklungszyklus aus:

- Ein Paar von Programmierern programmiert gemeinsam den Code.
- Die Entwicklung wird durch Tests gesteuert. Man testet zuerst und programmiert dann. Man ist erst fertig, wenn sämtliche Tests fehlerfrei ausgeführt werden. Wenn alle Tests funktionieren und einem keine weiteren Tests einfallen, die fehlschlagen könnten, dann sind alle Funktionen hinzugefügt.
- Die Programmiererpaare sorgen nicht nur dafür, dass die Tests ausgeführt werden. Sie entwickeln auch das Design des Systems. Änderungen sind nicht auf einen bestimmten Bereich beschränkt. Die Programmiererpaare tragen zur Analyse, zum Design, zur Implementierung und zum Testen des Systems bei. Sie leisten ihren Beitrag überall dort, wo das System dies erfordert.
- Die Integration schließt sich unmittelbar an die Programmierung an und enthält Integrationstests.

3 Die ökonomische Seite der Softwareentwicklung

Wir müssen unsere Softwareentwicklung in wirtschaftlicher Hinsicht wertvoller machen, indem wir langsamer Geld ausgeben, schneller Einnahmen erzielen und die wahrscheinliche produktive Lebensdauer unserer Projekte verlängern. Aber vor allem müssen wir mehr Raum für Geschäftsentscheidungen schaffen.[1]

Indem wir die Cashflows addieren, die in ein und aus einem Projekt fließen, können wir ohne Weiteres erschließen, was den Wert eines Softwareprojekts ausmacht. Wenn wir den Einfluss von Zinssätzen berücksichtigen, können wir den aktuellen Nettowert der Cashflows berechnen. Wir können unsere Analyse weiter verfeinern, indem wir die diskontierten Cashflows darauf umlegen, mit welcher Wahrscheinlichkeit das Projekt diese Gelder ausgeben oder verdienen kann.

Mithilfe der folgenden drei Faktoren

- ein- und ausgehende Cashflows
- Zinssätze
- Projektlebensdauer

können wir eine Strategie zur Maximierung des wirtschaftlichen Werts eines Projekts finden. Wir können zu diesem Zweck

- weniger ausgeben, was schwierig ist, da jeder in etwa mit den gleichen Hilfsmitteln und Kenntnissen beginnt
- mehr verdienen, was nur mithilfe einer fantastischen Marketing- und Vertriebsorganisation möglich ist – Themen, auf die wir in diesem Buch (zum Glück) nicht eingehen
- später Geld ausgeben und früher verdienen, damit wir weniger Zinsen für das von uns ausgegebene Geld zahlen und mehr Zinsen für das von uns verdiente Geld erhalten
- die Wahrscheinlichkeit erhöhen, dass das Projekt am Leben bleibt, sodass wir mit größerer Wahrscheinlichkeit in einer späteren Phase des Projekts das große Geld machen

---

1. Ich bedanke mich bei John Favaro für seine wirtschaftliche Analyse von XP unter Berücksichtigung dieser Optionen.

Optionen

Man kann die ökonomische Seite eines Softwareprojekts auch auf andere Weise betrachten, nämlich als eine Reihe von Optionen. Das Softwareprojektmanagement hätte dann vier Möglichkeiten:

- Es kann das Projekt einstellen – Auch wenn man ein Projekt abbricht, kann man Gewinn daraus ziehen. Je mehr Wert man aus einem Projekt schöpfen kann, das nicht in der ursprünglich vorgesehenen Form fertig gestellt wird, desto besser.
- Das Projekt kann geändert werden – Man kann die Richtung eines Projekts ändern. Eine Projektmanagementstrategie ist mehr wert, wenn die Kunden während des Projekts die Anforderungen ändern können. Je häufiger und je stärker die Anforderungen geändert werden können, desto besser.
- Es kann aufgeschoben werden – Man kann warten, bis sich eine Situation von selbst geklärt hat, bevor man investiert. Eine Projektmanagementstrategie ist mehr wert, wenn man mit Investitionen warten kann, ohne diese Möglichkeit komplett einzubüßen. Je länger der Aufschub und je höher die aufgeschobene Summe, desto besser.
- Das Projekt kann wachsen – Wenn es so aussieht, als würde ein Markt explodieren, dann kann man rasch wachsen, um diese Situation auszunutzen. Eine Projektmanagementstrategie ist mehr wert, wenn sie das Projekt auf eine wachsende Produktion einstellen kann, wobei eine höhere Investition vorausgesetzt wird. Je schneller und länger das Projekt wachsen kann, desto besser.

Die Berechnung des Wertes dieser Optionen ist zu zwei Teilen Kunst, zu fünf Teilen Mathematik und zu einem Teil Augenmaß.

Hierbei sind fünf Faktoren zu berücksichtigen:

- Die Höhe der Investition, die für eine Option erforderlich ist
- Der Preis, den der Gewinn kostet, wenn man die Option ausführt
- Der aktuelle Wert des Gewinns
- Die Zeitdauer, über die man die Optionen hinweg ausführen kann
- Die Unsicherheit hinsichtlich des möglichen Wertes des Gewinns

Von diesen Faktoren ist der letzte für den Wert der Optionen in der Regel maßgeblich. Ausgehend davon, können wir konkrete Vorhersagen machen. Nehmen wir an, wir finden eine Projektmanagementstrategie, die den Wert des Projekts, das unter dem Gesichtspunkt dieser Optionen analysiert wurde, maximiert, indem sie Folgendes bietet:

- Genaue und häufige Feedbacks über den Arbeitsfortschritt
- Viele Möglichkeiten, die Anforderungen stark abzuändern
- Eine kleinere Anfangsinvestition
- Die Möglichkeit für raschere Entwicklung

Je größer die Unsicherheit ist, desto wertvoller wird diese Strategie werden. Dies gilt unabhängig davon, ob die Unsicherheit durch technische Risiken, sich ändernde Marktbedingungen oder sich rasch fortentwickelnde Anforderungen bedingt ist. (Damit ist die theoretische Antwort auf die Frage gegeben, wann man XP einsetzen soll. Man sollte XP immer dann einsetzen, wenn die Anforderungen vage sind oder sich ständig ändern.)

Beispiel

Angenommen, Sie programmieren fröhlich vor sich hin und stellen fest, dass Sie ein Leistungsmerkmal hinzufügen könnten, das Sie 10 DM kosten würde. Sie schätzen, dass dieses Leistungsmerkmal etwa 15 DM einbringen wird (sein gegenwärtiger Wert). Daher ist der aktuelle Nettowert des Hinzufügens dieses Leistungsmerkmals 5 DM.

Nehmen wir an, Sie wüssten tief in Ihrem Innersten, dass es nicht ganz klar ist, wie viel dieses neue Leistungsmerkmal wert sein wird – Sie haben das geschätzt, es ist nicht so, dass Sie mit Sicherheit wissen, es ist dem Kunden 15 DM wert. Sie nehmen sogar an, der Wert für den Kunden kann bis zu 100% von Ihrer Aufwandsschätzung (engl. estimation) abweichen. Nehmen wir weiter an (siehe Abschnitt »Kosten von Änderungen« in Kapitel 5), dass es Sie auch in einem Jahr noch 10 DM kosten würde, das Leistungsmerkmal hinzuzufügen.

Welchen Wert hätte eine Strategie des Abwartens, also das Leistungsmerkmal jetzt nicht zu implementieren? Bei den üblichen Zinssätzen von etwa 5% kommt ein Wert von 7,87 DM heraus.

Die Option des Wartens ist *mehr* wert als das Leistungsmerkmal jetzt hinzuzufügen (aktueller Nettowert = 5 DM). Warum? Bei einem so großen Unsicherheitsfaktor ist das Leistungsmerkmal dem Kunden möglicherweise sehr viel mehr wert und dann sind Sie nicht schlechter dran, wenn Sie warten, statt das Leistungsmerkmal jetzt zu implementieren. Oder dem Kunden liegt gar nichts daran und dann haben Sie sich viel Mühe gespart.

Im Wirtschaftsjargon spricht man davon, dass »Optionen das Verlustrisiko aus dem Weg räumen.«

4 Vier Variablen

Wir werden vier Variablen in unseren Projekten kontrollieren – Kosten, Zeit, Qualität und Umfang. Von diesen Variablen stellt Umfang die für uns wertvollste Steuerungsmöglichkeit dar.

Im Folgenden erläutern wir Ihnen ein von einem System mit Steuerungsvariablen aus betrachtetes Modell der Softwareentwicklung. Nach diesem Modell enthält die Softwareentwicklung vier Variablen:

- Kosten
- Zeit
- Qualität
- Umfang

Bei diesem Modell wird das Softwareentwicklungsspiel so gespielt, dass die Werte von drei dieser Variablen von außen festgelegt werden dürfen. Das Entwicklungsteam darf den Wert der vierten Variablen bestimmen.

Einige Manager und Kunden glauben, Sie könnten den Wert aller vier Variablen festlegen. »Alle gestellten Anforderungen werden von dem Team bis zum Ersten des nächsten Monats erfüllt werden. Und da die Qualität bei uns oberste Priorität hat, wird das Produkt unseren üblichen Standards entsprechen.« Wenn das der Fall ist, leidet stets die Qualität darunter (was in der Regel den üblichen Standards entspricht), da niemand bei sehr hoher Belastung gute Arbeit leisten kann. Es ist zudem wahrscheinlich, dass der Zeitrahmen nicht eingehalten wird. Die Software wird dann zu spät fertig und taugt noch nicht einmal etwas.

Die Lösung besteht darin, diese Variablen sichtbar zu machen. Wenn alle Beteiligten – Programmierer, Kunden und Manager – alle vier Variablen vor Augen haben, können sie sich bewusst entscheiden, welche Variablen sie festlegen wollen. Ist die sich daraus ergebende vierte Variable nicht akzeptabel, dann können sie die Ausgangswerte ändern oder drei andere Variablen auswählen.

Abhängigkeiten zwischen den Variablen

Kosten – Geld kann einiges in Gang bringen, aber wenn zu früh zu viel Geld investiert wird, kann dies mehr Probleme verursachen als lösen. Wenn andererseits einem Projekt zu wenig Mittel zur Verfügung stehen, kann das Problem des Kunden nicht gelöst werden.

Zeit – Durch eine längere Entwicklungszeit kann die Qualität gesteigert und der Umfang vergrößert werden. Da Feedbacks von in Betrieb befindlichen Systemen von sehr viel höherer Qualität sind als alle anderen Arten von Feedbacks, leidet ein Projekt darunter, wenn zu viel Zeit zur Verfügung steht. Ist die Zeit für ein Projekt zu knapp bemessen, wirkt sich dies vor allem auf die Qualität, aber schließlich auch auf Umfang, Zeit und Kosten nachteilig aus.

Qualität – Qualität ist eine schreckliche Steuerungsvariable. Durch bewusste Qualitätsabstriche lassen sich kurzfristige Gewinne erzielen, allerdings sind die Kosten hierfür (in menschlicher, geschäftlicher und technischer Hinsicht) enorm.

Umfang – Ein geringerer Umfang ermöglicht höhere Qualität (solange die geschäftlichen Anforderungen des Kunden noch erfüllt werden). Zudem kann ein weniger umfangreiches Projekt schneller und billiger fertig gestellt werden.

Die Abhängigkeiten zwischen diesen Variablen sind komplex – es gibt keine einfache direkte Beziehung. Beispielsweise erhält man Software nicht einfach dadurch in kürzester Zeit, dass man mehr Geld ausgibt.

In vielerlei Hinsicht unterliegt die Kostenvariable den meisten Einschränkungen. Qualität oder Umfang oder kurze Entwicklungszeiten lassen sich nicht so einfach erkaufen. Zu Projektbeginn sollte man überhaupt nicht viel ausgeben. Die Investition muss niedrig beginnen und mit der Zeit wachsen. Nach einer Weile kann man entsprechend mehr Geld ausgeben.

Ich hatte einen Kunden, der meinte: »Wir haben zugesagt, diesen Funktionsumfang zu liefern. Dazu brauchen wir 40 Programmierer.«

Ich sagte zu ihm: »Sie können nicht vom ersten Tag an mit 40 Programmierern arbeiten. Sie müssen mit einem einzigen Team beginnen. Später stellen sie zwei Teams ein und dann vier. In zwei Jahren können Sie 40 Programmierer haben, aber nicht heute.«

Der Kunde entgegnete: »Das verstehen Sie nicht. Wir brauchen einfach 40 Programmierer.« Ich antwortet darauf: »Sie können aber nicht mit 40 Programmierern arbeiten.« Der Kunde sagte: »Wir müssen.«

Er musste nicht und tat es doch. Der Kunde stellte die 40 Programmierer ein. Das Projekt ist nicht besonders gut gelaufen. Die Programmierer kündigten; der Kunde stellte 40 neue Programmierer ein. Vier Jahre später begann das Projekt langsam dem Unternehmen etwas einzubringen, indem man kleine Teilprojekte fertig stellte; dabei wäre das Projekt anfangs fast eingestellt worden.

All die Kostenzwänge können Manager verrückt machen. Insbesondere wenn Manager gehalten sind, ein Jahresbudget zu planen und zu überwachen, sind sie so daran gewöhnt, alles unter dem Kostengesichtspunkt zu betrachten, dass sie große Fehler begehen. Oft ignorieren sie die Zwänge, denen die Kostenkontrolle unterliegt, und überschätzen deren Möglichkeiten.

Ein weiteres Problem besteht darin, dass höhere Kosten oft durch nicht zur Sache gehörige Ziele wie Status oder Prestige bedingt sind. »Ich leite ein Projekt mit 150 Mitarbeitern (seufz, seufz).« Solche Projekte können scheitern, weil der Manager beeindrucken will. Welchen Statusgewinn erzielt man auch dadurch, dass man ein Projekt mit 10 Programmierern besetzt und es in der Hälfte der Zeit fertig stellt?

Andererseits sind die Kosten stark von den anderen Variablen abhängig. Im Rahmen eines vernünftigen Investitionsbereichs lassen sich durch eine höhere Investition der Projektumfang vergrößern oder der Spielraum der Programmierer erweitern und somit die Qualität steigern oder die Entwicklungszeit bis zur Marktreife (bis zu einem gewissen Maß) verkürzen.

Investitionen können auch Spannungen reduzieren – schnellere Rechner, mehr technische Spezialisten, besser ausgestattete Büros.

Die Zwänge, denen die Projektsteuerung über die Variable Zeit unterliegt, sind meist von außen bedingt – das Jahr 2000 stellt hierfür das jüngste Beispiel dar. Das Jahresende, der Quartalsbeginn, der geplante Termin, zu dem das alte System abgeschaltet werden soll, eine große Messe – dies sind einige Beispiele für externe Zeitzwänge. Die Variable Zeit liegt daher oft nicht im Entscheidungsbereich des Projektmanagers, sondern in dem des Kunden.

Qualität ist eine weitere sonderbare Variable. Wenn man auf höherer Qualität besteht, werden Projekte häufig schneller fertig oder es wird in einem bestimmten Zeitraum mehr erledigt. Mir ist dies passiert, als ich Komponententests zu schreiben begann (siehe die Anekdote am Anfang von Kapitel 2, »Eine Entwicklungsepisode«). Als ich meine Tests hatte, hatte ich viel mehr Vertrauen in meinen Code, sodass ich schneller und unter weniger Anspannung programmieren konnte. Ich konnte mein System einfacher debuggen, was die weitere Entwicklung erleichterte. Ich habe dies auch in Teams erlebt. Sobald das Team zu testen beginnt oder sobald man sich auf Programmierstandards einigt, arbeitet das Team schneller.

Zwischen der internen und der externen Qualität besteht eine etwas seltsame Beziehung. Externe Qualität ist die Qualität, die vom Kunden gemessen wird. Mit interner Qualität ist die Qualität gemeint, die von den Programmierern gemessen wird. Zeitweilig auf interne Qualität zu verzichten, um das Produkt dadurch schneller auf den Markt bringen zu können, und zu hoffen, die externe Qualität würde nicht allzu stark darunter leiden, ist sehr kurzfristig gedacht. Man kann mit solch unsauberen Verfahren zwar oft über Wochen oder Monate hinweg ungestraft davonkommen. Irgendwann werden die Probleme mit der internen Qualität einen aber schließlich einholen und zur Folge haben, dass die Kosten für die Softwarewartung unerschwinglich hoch werden und dass das geforderte Maß an externer Qualität nicht erreicht werden kann.

Andererseits kann man gelegentlich ein Projekt schneller abschließen, wenn man die Qualitätsanforderungen lockert. Ich habe einmal an einem System gearbeitet, das ein COBOL-System ersetzen sollte. Unsere Qualitätsanforderung war, dass wir die Lösungen, die das alte System bot, genau reproduzieren sollten. Als der Liefertermin näher rückte, wurde es offensichtlich, dass wir das alte System inklusive seiner Fehler reproduzieren konnten, allerdings zu einem viel späteren Liefertermin. Wir wendeten uns an den Kunden, zeigten, dass unsere Lösungen korrekter waren, und boten ihm an, pünktlich zu liefern, wenn er unseren Lösungen statt der alten vertraute.

Qualität wirkt sich auch auf die Psychologie der Mitarbeiter aus. Jeder möchte gute Arbeit leisten und man arbeitet viel besser, wenn man das Gefühl hat, an etwas Gutem zu arbeiten. Wenn man der Qualität bewusst einen geringeren Stellenwert einräumt, mag das Team anfangs schneller Ergebnisse liefern, aber der demoralisierende Effekt, den das Produzieren mangelhafter Produkte hat, wird bald den Vorsprung einholen, den man dadurch gewonnen hat, dass man nicht testet oder nicht bewertet oder sich nicht an Standards hält.

Auf den Umfang konzentrieren

Eine Menge Leute kennen die Variablen Kosten, Qualität und Zeit, sind sich der vierten Variable allerdings nicht bewusst. In der Softwareentwicklung ist der Umfang die wichtigste zu berücksichtigende Kontrollvariable. Weder die Programmierer noch die Betriebswirte haben mehr als eine vage Vorstellung davon, was den Wert der in Entwicklung befindlichen Software ausmacht. Eine der wichtigsten Entscheidungen des Projektmanagements besteht in der Beschneidung des Umfangs. Wenn Sie den Umfang gezielt kontrollieren, können Sie Managern und Kunden Kontrolle über Kosten, Qualität und Zeit geben.

Einer der Vorteile der Variable Umfang besteht darin, dass sie in hohem Maße veränderlich ist. Seit Jahrzehnten jammern die Programmierer bereits: »Die Kunden können uns nicht sagen, was sie wollen. Wir liefern ihnen das, was sie nach ihrer Aussage angeblich wollen, und dann mögen sie es nicht.« Dies ist eine der unumstößlichen Tatsachen der Softwareentwicklung. Die Anforderungen sind anfangs nie klar. Die Kunden können nicht klar zum Ausdruck bringen, was genau sie wollen.

Die Entwicklung einer Softwarekomponente ändert ihre Anforderungen. Sobald die Kunden die erste Version sehen, finden sie heraus, was sie in der zweiten Version wollen – oder was sie eigentlich schon in der ersten Version hätten haben wollen. Dieser Lernprozess ist wertvoll und wäre aufgrund bloßer Spekulationen nicht möglich gewesen. Und er ist nur auf Grund von Erfahrungen möglich. Die Kunden können diese Erfahrung aber nicht für sich allein machen. Sie brauchen Leute, die programmieren können, und zwar als Begleiter, nicht als Führer.

Wie wäre es, wenn wir die »Schwammigkeit« von Anforderungen als Möglichkeit und nicht als Problem betrachten? Wir können den Umfang dann als die Variable sehen, die am einfachsten zu steuern ist. Da der Umfang so schwammig ist, können wir ihn formen – ein bisschen in diese Richtung und etwas in jene. Wenn die Zeit vor dem Liefertermin knapp wird, findet sich immer ein bisschen, was sich für die nächste Version aufschieben lässt. Indem wir versuchen, nicht zu viel zu tun, bleiben wir in der Lage, die geforderte Qualität pünktlich zu liefern.

Würden wir, basierend auf diesem Modell, eine Methode der Softwareentwicklung schaffen, dann würden wir den Termin, die Qualität und die Kosten einer Softwarekomponente fix halten. Wir würden uns den Umfang ansehen, der durch die erstgenannten drei Variablen impliziert wird. Im weiteren Verlauf der Entwicklung würden wir dann den Umfang fortwährend an die gegebenen Bedingungen anpassen.

Es müsste sich um einen Prozess handeln, der Änderungen toleriert, da das Projekt häufig seine Richtung ändern würde. Man möchte nicht viel Geld für Software ausgeben, die schlussendlich nicht verwendet wird. Sie möchten ja auch keine Straße bauen, auf der Sie nie fahren werden, da Sie doch einen anderen Weg eingeschlagen haben. Es müsste sich zudem um einen Prozess handeln, der die Kosten für Änderungen während der Lebensdauer des Systems gering hält.

Wenn man kurz vor jedem Liefertermin einer Version wichtige Funktionen weglässt, dann wird der Kunde bald verärgert sein. Um dies zu vermeiden, setzt XP zwei Strategien ein:

1. Es bringt viel, wenn man Aufwandsschätzungen macht und Feedbacks zu den tatsächlichen Ergebnissen erhält. Bessere Aufwandsschätzungen verringern die Wahrscheinlichkeit, dass man Funktionen weglassen muss.

2. Man implementiert die wichtigsten Anforderungen des Kunden zuerst, sodass es die weniger wichtigen trifft, wenn man möglicherweise Funktionen weglassen muss.

5 Kosten von Änderungen

Unter bestimmten Umständen kann der im Laufe der Zeit exponentielle Anstieg der Kosten für Softwareänderungen abgeflacht werden. Wenn wir aber die Kurve abflachen können, dann sind bislang bestehende Annahmen über das beste Verfahren der Softwareentwicklung nicht mehr wahr.

Eine der allgemeinen Annahmen der Softwareentwicklung lautet, dass die Kosten für die Änderung eines Programms mit der Zeit exponentiell steigen. Ich erinnere mich daran, wie ich in einem mit Linoleum ausgelegten Hörsaal sitze und zuschaue, wie der Professor das in Abbildung 5.1 dargestellte Diagramm zeichnet.

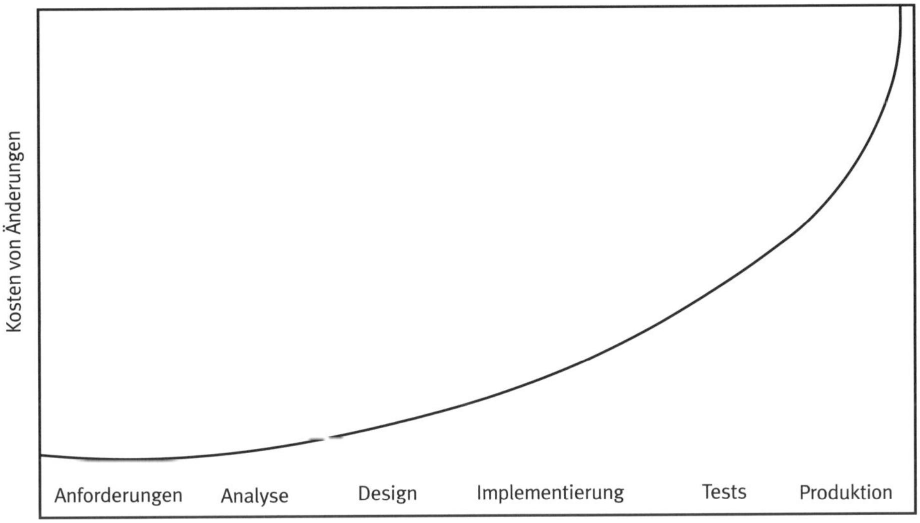

Abbildung 5.1 Die Kosten von Änderungen steigen mit der Zeit exponentiell an.

»Die Kosten für die Behebung eines Problems in einer Softwarekomponente steigen mit der Zeit exponentiell an. Ein Problem, dessen Lösung eine Mark gekostet hätte, wenn Sie es während der Anforderungsanalyse gefunden hätten, kann tausende von Mark kosten, wenn die Software erst einmal in Produktion gegangen ist.«

Ich beschloss damals natürlich, dass ich niemals ein Problem bis zur Produktion stehen lassen würde. Ich würde Probleme auf jeden Fall so bald als möglich abfangen. Ich würde jedes mögliche Problem im Vorhinein lösen. Ich würde meinen Code prüfen und nochmals prüfen. Ich würde meinen Arbeitgeber keinesfalls 100.000 Mark kosten.

Nun, diese Kurve ist nicht mehr gültig. Durch die Kombination von Technologie und Programmierverfahren ist es sogar möglich, eine fast umgekehrt verlaufende Kurve zu erzeugen. Heute sind Geschichten wie die Folgende möglich, die mir kürzlich bei einem System zur Verwaltung von Lebensversicherungsverträgen passiert ist:

17:00 Uhr: Ich entdecke, dass – so weit ich es beurteilen kann – die wunderbare Funktion unseres Systems, mit der in einer einzigen Transaktion Lastschriften von mehreren Konten und Gutschriften auf mehrere Konten verarbeitet werden können, einfach nicht verwendet wird. Jede Transaktion geht von einem Konto aus und wird an einem anderen Konto ausgeführt. Ist es möglich, das System wie in Abbildung 5.2 dargestellt zu vereinfachen?

17:02 Uhr: Ich bitte Massismo, zu mir herüberzukommen und mit mir zusammen die Situation zu analysieren. Wir schreiben eine Abfrage. Jede der 300.000 im System verzeichneten Transaktionen hat ein einziges Lastschriftkonto und ein einziges Gutschriftkonto.

17:05 Uhr: Wie müssten wir vorgehen, wenn wir diesen Fehler beheben wollten? Wir würden die Schnittstelle des Transaktionsmoduls namens Transaction und deren Implementierung ändern. Wir schreiben die erforderlichen vier Methoden und beginnen mit den Tests.

17:15 Uhr: Die Tests (mehr als 1000 Komponenten- und Funktionstests) funktionieren immer noch zu 100%. Wir können uns nicht vorstellen, warum diese Änderungen nicht funktionieren sollten. Wir fangen an, den Code zur Datenbankmigration zu schreiben.

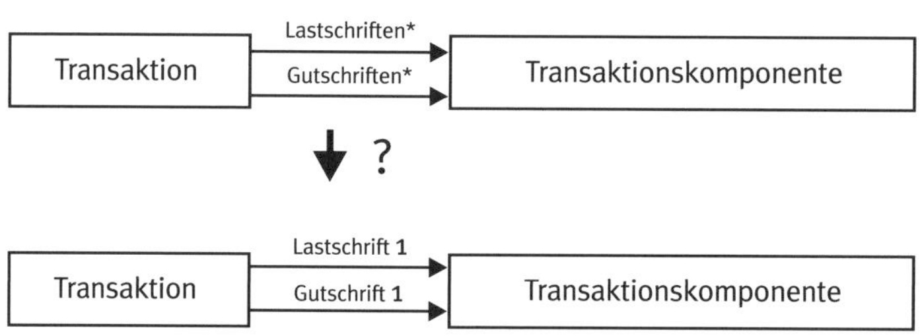

Abbildung 5.2 Kann man für Lastschriften und Gutschriften jeweils eine eigene Komponente implementieren?

17:20 Uhr: Die Batch-Dateien sind fertig und die Datenbank wurde gesichert. Wir installieren die neue Codeversion und führen die Migration aus.

17:30 Uhr: Wir führen einige Plausibilitätstests durch. Alles funktioniert. Nachdem uns nichts einfällt, was wir sonst noch testen oder tun könnten, gehen wir nach Hause.

Nächster Tag: Die Fehlerprotokolle sind leer. Es liegen keine Beschwerden von den Benutzern vor. Die Änderung hat geklappt.

In den nächsten Wochen entdeckten wir eine Reihe von Dingen, die sich auf Grund der neuen Struktur vereinfachen ließen. Diese ermöglichte es uns, den Buchhaltungsteil des Systems für eine völlig neue Funktionalität zu öffnen, während wir das System gleichzeitig einfacher, verständlicher und weniger redundant gestalteten.

Was würden wir tun, wenn sich diese Investition lohnen würde? Was wäre, wenn sich die Arbeit an Sprachen und Datenbanken und all den anderen Dingen wirklich ausgezahlt hätte? Was wäre, wenn die Kosten von Änderungen mit der Zeit nicht exponentiell anstiegen, sondern sehr viel langsamer wüchsen und schließlich eine Asymptote erreichten? Was wäre, wenn die Informatikprofessoren von morgen eine Kurve wie in Abbildung 5.3 an die Tafel zeichnen würden?

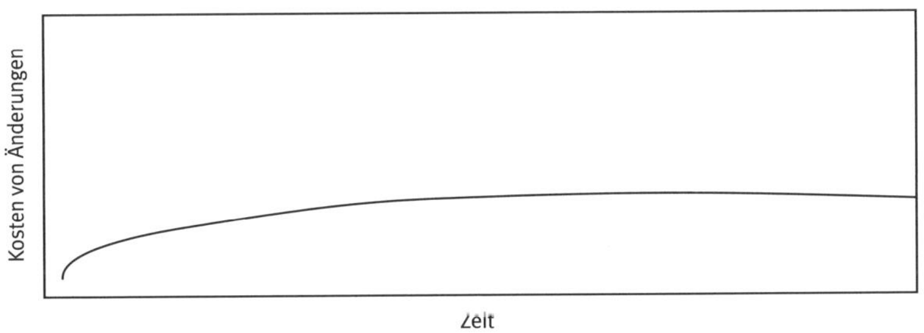

Abbildung 5.3 Vielleicht steigen ja die Kosten von Änderungen nicht mit der Zeit stark an.

Dies ist eine der Prämissen von XP. Es ist *die* technische Prämisse von XP. Wenn die Kosten von Änderungen mit der Zeit langsam steigen, verhält man sich vollkommen anders als unter der Annahme eines exponentiellen Kostenanstiegs. Sie würden wichtige Entscheidungen so spät wie möglich im Entwicklungsprozess treffen, um die Kosten aufzuschieben, die durch diese Entscheidungen bedingt sind, und um die Wahrscheinlichkeit zu erhöhen, dass die richtigen Entscheidungen getroffen werden. Sie würden nur das implementieren, was unbedingt nötig ist, in der Hoffnung, dass sich Ihre Befürchtungen hinsichtlich der morgen zu erfüllenden Anforderungen nicht bewahrheiten. Sie würden Elemente nur dann in das Design einbringen, wenn diese den vorhandenen Code oder die Programmierung des nächsten Codemoduls vereinfachten.

Wenn eine abgeflachte Änderungskostenkurve XP ermöglicht, dann macht eine steile Änderungskostenkurve XP unmöglich. Falls Änderungen ruinös teuer sind, dann wäre man verrückt, würde man einfach drauflosarbeiten, statt sorgfältig vorauszuplanen. Wenn Änderungen jedoch erschwinglich sind, dann gleichen der höhere Wert und die Risikominderung von konkreten Feedbacks die zusätzlichen Kosten von frühen Änderungen aus.

Es ist keine Zauberei, Kosten gering zu halten. Es gibt Technologien und Verfahren, die die Software änderbar halten.

Auf der technologischen Seite sind Objekte die Schlüsseltechnologie. Das Senden von Nachrichten stellt ein leistungsfähiges Verfahren dar, kostengünstig viele Möglichkeiten für Änderungen zur Verfügung zu stellen. Jede Nachricht wird zu einem potenziellen Ansatzpunkt für künftige Modifikationen, und zwar Modifikationen, die keine Änderungen am vorhandenen Code erfordern.

Objektorientierte Datenbanken machen diese Flexibilität im Bereich permanenter Datenspeicher möglich. Mit einer Objektdatenbank kann man in einem Format vorliegende Objekte mühelos in ein anderes Format überführen, da der Code mit den Daten verknüpft ist und nicht wie in früheren Datenbanktechnologien davon getrennt ist. Auch wenn sich die Objekte nicht migrieren lassen, können zwei alternative Implementierungen gleichberechtigt nebeneinander bestehen.

Das soll nicht heißen, dass diese Flexibilität nur mithilfe von Objekten möglich ist. Ich habe die Grundlagen von XP gelernt, indem ich zusah, wie mein Vater Code für die Echtzeitprozesskontrolle in Assembler schrieb. Er hatte dabei einen Stil entwickelt, der es ihm ermöglichte, das Design seiner Programme fortwährend zu verbessern. Meiner Erfahrung nach steigen die Kosten von Änderungen jedoch stärker an, wenn man nicht mit Objekten arbeitet.

Objekte sind aber noch nicht alles. Ich habe eine Unmenge objektorientierten Codes gesehen (und wahrscheinlich auch geschrieben, um der Wahrheit die Ehre zu geben), den niemand anfassen wollen würde.

Verschiedene Faktoren ergeben sich daraus, was unseren Code einfach zu ändern machte, auch Jahre, nachdem er in Produktion gegangen ist:

- Ein einfaches Design ohne zusätzliche Designelemente – Keine Ideen, die bislang noch nicht eingesetzt worden sind und von denen nichts als die Vorstellung bestand, dass sie in der Zukunft verwendet würden.
- Automatisierte Tests, die uns das Vertrauen gaben, wir würden es sofort bemerken, wenn wir unbeabsichtigt das Verhalten des vorhandenen Systems ändern würden.
- Eine Menge Übung im Ändern des Designs, sodass wir keine Scheu hatten, Änderungen zu versuchen, wenn es an der Zeit war, das System zu ändern.

Nachdem diese Elemente gegeben waren (einfaches Design, Tests und die Bereitschaft zur ständigen Verfeinerung des Designs), konnten wir die in Abbildung 5.3 dargestellte abgeflachte Kurve feststellen. Eine Änderung, die am Anfang der Programmentwicklung nur einige Minuten gedauert hätte, nahm 30 Minuten in Anspruch, nachdem das System bereits seit zwei Jahren in Betrieb war. Ich kenne Projekte, in denen man Tage oder Wochen damit verbringt, diese Art von Entscheidung zu treffen, statt heute das Erforderliche zu erledigen und darauf zu setzen, gegebenenfalls morgen Änderungen daran vornehmen zu können.

Diese neue Annahme hinsichtlich der Änderungskosten bringt die Gelegenheit mit sich, mit einem völlig anderen Ansatz an die Softwareentwicklung heranzugehen. Dieser Ansatz ist genauso strikt wie andere Ansätze, aber er ist an anderen Größen ausgerichtet. Statt darauf bedacht zu sein, einschneidende Entscheidungen früh und weniger wichtige Entscheidungen später zu treffen, entwerfen wir einen Ansatz der Softwareentwicklung, bei dem jede Entscheidung zwar rasch gefällt, aber auch durch automatisierte Tests abgesichert wird, und der Sie darauf vorbereitet, das Design der Software dann zu verbessern, wenn Sie das auch können.

Es wird allerdings nicht ganz einfach sein, einen solchen Ansatz zu entwickeln. Wir müssen unsere Grundannahmen über das, was eine gute Softwareentwicklung ausmacht, erneut überprüfen. Wir können den Weg schrittweise vollziehen. Wir beginnen mit einer Geschichte, einer Geschichte, die die Grundlage für alles Weitere bildet.

6 Fahren lernen

Wir müssen die Softwareentwicklung steuern, indem wir viele kleine Änderungen vornehmen und nicht einige wenige große. Dies bedeutet, dass wir ein Feedback brauchen, um zu wissen, wann wir von der Bahn abgekommen sind. Uns muss immer wieder die Gelegenheit gegeben sein, Korrekturen vorzunehmen und dies zu möglichst geringen Kosten.

Wir haben jetzt das allgemeine Problem umrissen – die enormen Kosten von Änderungen und die Möglichkeit, dieses Risiko durch Optionen handzuhaben – und die Ressource, die zu dessen Lösung erforderlich ist: die Freiheit, Änderungen in einem späteren Entwicklungsstadium vornehmen zu können, ohne dadurch immense Kosten zu verursachen. Kommen wir nun zu der Lösung. Zuallererst brauchen wir eine Metapher, eine gemeinsame Geschichte, die wir uns in Stresssituationen oder vor Entscheidungen in Erinnerung rufen können und die uns hilft, das Richtige zu tun.

Ich kann mich deutlich an den Tag erinnern, an dem ich meine erste Fahrstunde hatte. Meine Mutter und ich fuhren auf der Interstate 5 nahe Chico, Kalifornien, gen Norden, auf einem geraden, ebenen Abschnitt, auf dem sich die Straße bis zum Horizont zu erstrecken schien. Meine Mutter ließ mich von der Beifahrerseite aus das Lenkrad halten. Sie vermittelte mir ein Gefühl dafür, wie sich die Bewegung des Lenkrads auf die Richtung des Autos auswirkte. Dann sagt sie zu mir: »So fährt man Auto. Richte das Auto an der Mittellinie aus und fahre in der Mitte der Fahrbahn direkt auf den Horizont zu.«

Ich blickte konzentriert auf die Straße. Es gelang mir, das Auto in die Mitte der Fahrbahn zu bringen, sodass es sich mitten auf der Straße befand und geradeaus fuhr. Soweit machte ich das ganz gut. Dann schweiften meine Gedanken etwas ab ...

Ich erschrak und war sofort hellwach, als das Auto den Schotter am Straßenrand streifte. Meine Mutter (deren Mut mich heute erstaunt) lenkte das Auto sanft zurück auf die Fahrbahn. Dann brachte sie mir Folgendes über das Autofahren bei: »Beim Autofahren ist es nicht damit getan, das Auto in die richtige Richtung zu lenken. Vielmehr kommt es darauf an, ständig aufzupassen und einmal zu dieser und dann zu jener Seite hin kleine Korrekturen vorzunehmen.«

Dies ist das Paradigma von XP. Hier haben die Begriffe gerade und eben keine Bedeutung. Auch wenn ein Projekt perfekt abzulaufen scheint, behält man die Straße im Auge. Die einzige Konstante ist die Kurskorrektur. Sie müssen stets darauf gefasst sein, sich etwas in diese Richtung oder in jene Richtung zu bewegen. Gelegentlich müssen Sie unter Umständen eine völlig andere Richtung einschlagen. So ist das Leben eines Programmierers eben.

Alles an der Software ändert sich. Die Anforderungen ändern sich. Das Design ändert sich. Das Geschäft ändert sich. Die Technologie ändert sich. Das Team ändert sich. Die Teammitglieder ändern sich. Das Problem besteht nicht in der Änderung an sich, da Änderungen unvermeidlich sind. Das Problem besteht vielmehr in der Unfähigkeit, mit notwendigen Änderungen angemessen umzugehen.

Der Kunde ist gleichsam der Fahrer eines Softwareprojekts. Wenn die Software nicht das leistet, was der Kunde von ihr erwartet, dann haben Sie versagt. Natürlich weiß der Kunde nicht genau, was die Software leisten soll. Aus diesem Grund gleicht die Softwareentwicklung dem Autofahren, da es auch hier nicht ausreicht, den Wagen in eine bestimmte Richtung zu bringen. Unsere Aufgabe als Programmierer besteht darin, dem Kunden ein Lenkrad und ständig ein Feedback über unsere genaue Position zu geben.

Die Autofahrgeschichte hat auch eine Moral für den XP-Prozess selbst. Die vier Werte – Kommunikation, Einfachheit, Feedback und Mut –, die im nächsten Kapitel beschrieben werden, geben Aufschluss darüber, welches Gefühl man bei der Softwareentwicklung haben sollte. Auf welche Weise Sie dieses Gefühl erlangen, wird sich jedoch von Ort zu Ort und von Situation zu Situation und von Person zu Person unterscheiden. Während eines Entwicklungsprozesses können Sie sich eine Reihe einfacher Techniken aneignen, die Ihnen das gewünschte Gefühl vermitteln. Im weiteren Verlauf der Entwicklung werden Sie dann merken, welche Techniken Sie auf das Ziel hinführen und welche Sie davon ablenken. Jede Technik ist ein Experiment, das so lange Gültigkeit hat, bis seine Untauglichkeit bewiesen wurde.

7 Vier Werte

Wir sind dann erfolgreich, wenn unser Stil von bestimmten, gleichbleibenden Werten zeugt, die sowohl menschlichen als auch geschäftlichen Belangen dienen: Kommunikation, Einfachheit, Feedback und Mut.

Bevor wir die Geschichte vom Fahrunterricht auf eine Reihe von Verfahren zur Softwareentwicklung reduzieren können, brauchen wir einige Kriterien, an denen sich ablesen lässt, ob wir uns in die richtige Richtung bewegen. Es wäre sinnlos, einen neuen Programmierstil zu erfinden und dann zu entdecken, dass er uns nicht gefällt oder dass er nicht funktioniert.

Die kurzfristigen Ziele von einzelnen Leuten stehen oft im Widerspruch zu den langfristigen Zielen der Gemeinschaft. Gesellschaften haben gelernt, mit diesem Problem umzugehen, indem sie gemeinsame Wertvorstellungen entwickelt haben, die durch Mythen, Rituale, Strafen und Belohnungen gestützt werden. Fehlen diese Werte, tendieren die Menschen dazu, sich nur um ihre eigenen, kurzfristigen Interessen zu kümmern.

Die vier Werte von XP sind:

- Kommunikation
- Einfachheit
- Feedback
- Mut

Kommunikation

Der erste XP-Wert ist Kommunikation. Probleme in Projekten lassen sich stets darauf zurückführen, dass jemand etwas Wichtiges nicht mit den anderen bespricht. Manchmal teilen Programmierer anderen nichts von einer wichtigen Designänderung mit. Manchmal stellen Programmierer den Kunden nicht die richtigen Fragen, sodass eine wichtige Entscheidung falsch ausfällt. Manchmal stellen Manager den Programmierern nicht die richtigen Fragen und erhalten nicht die richtigen Informationen über den Projektstatus.

Mangelhafte Kommunikation ist kein Zufall. Viele Umstände tragen zum Scheitern von Kommunikation bei. Ein Programmierer überbringt dem Manager eine schlechte Nachricht und wird dafür bestraft. Ein Kunde teilt dem Programmierer etwas Wichtiges mit und der Programmierer scheint diese Information zu ignorieren.

XP zielt darauf ab, den Kommunikationsfluss aufrechtzuerhalten, indem viele Verfahren angewandt werden, die Kommunikation erfordern. Dabei handelt es sich beispielsweise um Komponententests, Programmieren in Paaren und Aufwandschätzung von Aufgaben, die kurzfristig sinnvoll sind. Tests, Programmieren in Paaren und Aufwandschätzung haben den Effekt, dass Programmierer, Kunden und Manager miteinander kommunizieren müssen.

Das heißt allerdings nicht, dass die Kommunikation in XP-Projekten nicht gelegentlich gestört sein kann. Leute bekommen Angst, machen Fehler, werden abgelenkt. XP setzt einen Coach ein, dessen Aufgabe darin besteht, Kommunikationsprobleme zu entdecken und die Kommunikation wieder in Gang zu bringen.

Einfachheit

Der zweite XP-Wert ist Einfachheit. Der XP-Coach fragt das Team: »Wie sieht die einfachste Lösung aus?« (»What is the simplest thing that could possibly work?«)

Einfachheit ist nicht leicht zu erreichen. Es ist unheimlich schwer, sich nicht mit den Dingen zu beschäftigen, die man morgen oder nächste Woche oder nächsten Monat implementieren muss. Zwanghaftes Vorausdenken bedeutet jedoch, dass man der Angst vor dem exponentiellen Anstieg der Kosten von Änderungen nachgibt. Gelegentlich muss der Trainer die Mannschaft vorsichtig darauf aufmerksam machen, dass sie ihren eigenen Ängsten gehorcht. »Vielleicht sind Sie ja viel klüger als ich und bekommen diesen komplizierten, sich dynamisch ausgleichenden Baumalgorithmus hin. Aber kann es nicht sein, dass auch eine lineare Suche funktioniert.«

Greg Hutchinson schreibt:

Einer meiner Auftraggeber, für den ich als Berater arbeitete, entschied, wir bräuchten ein allgemeines Dialogfeld zur Textanzeige. (Es ist ja nicht so, als hätten wir nicht schon genug davon, aber ich will nicht abschweifen.) Wir sprachen über die Schnittstelle für dieses Dialogfeld und wie sie funktionieren sollte. Der Programmierer entschied, dass das Dialogfeld relativ intelligent sein sollte und seine Größe und die Anzahl der Zeilenumbrüche im Text basierend auf der Schriftgröße und anderen Variablen festlegen sollte. Ich fragte meinen Auftraggeber, wie viele Programmierer diese Komponente derzeit bräuchten. Der Programmierer war die einzige Person, die sie brauchte. Ich schlug vor, dass wir das Dialogfeld nicht ganz so intelligent, sondern für seine Zwecke gerade ausreichend gestalten sollten (20 Minuten Arbeit). Wir würden die Klasse und die Schnittstelle offen legen und könnten das Dialogfeld dann immer noch intelligenter machen, wenn dies erforderlich werden würde. Ich konnte den Programmierer nicht überzeugen und es wurden zwei Tage mit dem Programmieren dieses Codes zugebracht. Am dritten Tag hatten sich die Anforderungen geändert und man brauchte dieses Dialogfeld nicht mehr. Man hatte zwei Manntage in einem Projekt vergeudet, das ohnehin schon unter Termindruck stand. Lassen Sie es mich bitte wissen, wenn Sie diesen Code jemals verwenden möchten. (Quelle: E-Mail)

XP gleicht einer Wette. Man wettet darauf, dass es besser ist, heute etwas Einfaches zu tun und morgen etwas mehr zu zahlen, wenn man es ändern muss, statt heute etwas Komplizierteres zu tun, das vielleicht niemals eingesetzt wird.

Zwischen Einfachheit und Kommunikation besteht eine wunderbare, sich wechselseitig verstärkende Beziehung. Je mehr man kommuniziert, desto klarer erkennt man, was wirklich getan werden muss, und desto mehr Vertrauen hat man in sein Urteil, was nicht getan werden muss. Je einfacher ein System ist, desto weniger muss darüber mitgeteilt werden, was zu einer umfassenderen Kommunikation führt. Das gilt insbesondere, wenn das System so weit vereinfacht werden kann, dass weniger Programmierer benötigt werden.

Feedback

Der dritte XP-Wert ist das Feedback. Typische Trainersätze dazu lauten: »Fragen Sie nicht mich, fragen Sie das System.« »Haben Sie dafür bereits den Testfall geschrieben?« Ein konkretes Feedback über den aktuellen Status des Systems ist absolut unbezahlbar. Optimismus ist eine Berufskrankheit von Programmierern, die nur durch Feedback zu behandeln ist.

Feedbacks werden zu verschiedenen Zeiten eingesetzt. Zuerst werden Feedbacks über einen Zeitraum von Minuten oder Tagen gesammelt. Die Programmierer schreiben Komponententests für alle logischen Komponenten des Systems, die möglicherweise nicht funktionieren. Die Programmierer erhalten dadurch Minute für Minute konkrete Feedbacks über den Zustand des Systems. Wenn Kunden neue Storycards (Beschreibungen von Leistungsmerkmalen) schreiben, schätzen die Programmierer sofort den dafür erforderlichen Aufwand ein, damit die Kunden ein konkretes Feedback über die Qualität ihrer Storycard erhalten. Derjenige, der den Arbeitsfortschritt überwacht, verzeichnet, wann Aufgaben erledigt wurden, und gibt dem gesamten Team ein Feedback darüber, wie wahrscheinlich es ist, dass in dem geplanten Zeitraum all das erledigt werden kann, was man sich vorgenommen hat.

Feedbacks lassen sich auch über Wochen oder Monate hinweg sammeln. Der Kunde und Tester schreiben Funktionstests für sämtliche Leistungsmerkmale (»vereinfachte Anwendungsfälle«), die im System implementiert sind. Sie erhalten konkrete Feedbacks über den aktuellen Zustand ihres Systems. Die Kunden überprüfen den Terminplan alle zwei oder drei Wochen, um zu sehen, ob die allgemeine Geschwindigkeit des Teams dem Plan entspricht, und um den Plan gegebenenfalls anzupassen. Das System geht in Produktion, sobald dies sinnvoll erscheint, sodass das Unternehmen einen Eindruck davon erhält, wie das System in Aktion aussieht, und überlegt werden kann, wie es sich am besten nutzen lässt.

Die frühe Inbetriebnahme oder Produktion muss näher erläutert werden. Eine der Strategien im Planungsprozess besteht darin, dass das Team so früh wie möglich die wichtigsten Merkmale in das System einbaut. Die Programmierer erhalten damit ein konkretes Feedback über die Qualität ihrer Entscheidungen und den Entwicklungsprozess, das nur möglich ist, wenn das ganze System in Betrieb ist. Einige Programmierer haben noch nie mit einem in Produktion befindlichen System gearbeitet. Wie sollen sie unter solchen Umständen auf Dauer bessere Arbeit leisten?

Die meisten Projekte scheinen die genau entgegengesetzte Strategie zu verfolgen. Anscheinend unterstellt man Folgendes: »Wenn das System einmal in Produktion gegangen ist, dann können wir keine ‚interessanten' Änderungen mehr daran vornehmen und daher behalten wir das System möglichst lange in der Entwicklung.«

Das ist der verkehrte Ansatz. Die Entwicklung ist ein temporärer Zustand, in dem das System nur einen kleinen Teil seiner gesamten Lebensdauer verbringt. Es ist viel besser, dem System ein eigenständiges Leben zu geben, es für sich allein stehen und atmen zu lassen. Sie müssen sich darauf gefasst machen, gleichzeitig den laufenden Betrieb zu unterstützen und neue Funktionalität zu entwickeln. Es ist besser, man gewöhnt sich früh daran, Produktion und Entwicklung handzuhaben.

Konkrete Feedbacks ergänzen Kommunikation und Einfachheit. Je mehr Feedbacks Sie erhalten, desto einfacher ist es, zu kommunizieren. Wenn jemand Einwände gegen eine von Ihnen geschriebene Komponente hat und Ihnen einen Testfall überreicht, der einen Fehler der Komponente aufdeckt, dann hat dies mehr Wert als stundenlange Diskussionen über die Ästhetik des Designs. Wenn Sie offen miteinander kommunizieren, werden Sie in Erfahrung bringen, was Sie testen und messen müssen, um mehr über das System zu erfahren. Einfache Systeme sind einfacher zu testen. Das Schreiben von Tests kann Ihren Blick dafür schärfen, wie einfach das System sein kann – Sie sind erst dann fertig, wenn sämtliche Tests fehlerfrei ausgeführt werden.

Mut

Was die ersten drei Werte betrifft (Kommunikation, Einfachheit und Feedback), ist es angeraten, möglichst schnell zu arbeiten. Wenn Sie nicht Gas geben, dann tut es ein anderer und derjenige wird auch Ihren Gewinn einstreichen.

Es folgt eine Geschichte über Mut in der Praxis. Mitten in Iteration 8 eines zehn Iterationen umfassenden Entwicklungsplans (in Woche 25 von 30) der ersten Version eines umfangreichen XP-Projekts entdeckte das Team eine grundlegende Schwäche in der Architektur. Die Ergebnisse der Funktionstests waren zunächst befriedigend, sind dann aber unter ein Niveau abgefallen, das bei weitem nicht den Erwartungen entsprach. Durch die Behebung eines Defekts wurde ein anderer verursacht. Das Problem lag in einer mangelhaften Architektur begründet.

(Den Neugierigen unter Ihnen sei verraten, dass das System Gehaltsabrechnungen erstellte. Ansprüche repräsentierten dasjenige, was die Firma den Mitarbeitern schuldete. Abzüge repräsentierten wiederum dasjenige, was die Mitarbeiter anderen schuldeten. Einige Leute hatten negative Ansprüche statt positiver Abzüge.)

Das Team hat genau das Richtige getan. Als es erkannte, dass es nicht mehr weiterging, hat es den Mangel behoben. Das hatte zur Folge, dass auf einen Schlag etwa die Hälfte der Tests ungültig war, die eingesetzt worden waren. Einige Tage konzentrierter Arbeit später sahen die Testergebnisse jedoch wieder nach einem baldigen Projektabschluss aus. Dazu gehörte Mut.

Eine andere mutige Tat besteht darin, Code wegzuwerfen. Wissen Sie, wie es ist, wenn man den ganzen Tag an etwas arbeitet, es nicht besonders gut läuft und der Rechner ständig abstürzt? Und am nächsten Tag kommen Sie ins Büro und leisten in einer halben Stunde die gesamte Arbeit des vorherigen Tages und diesmal funktioniert alles einwandfrei.

Beherzigen Sie den folgenden Rat. Wenn der Tag zu Ende geht und der Code außer Kontrolle gerät, dann werfen Sie ihn einfach weg. Sie können die Testfälle aufbewahren, wenn Sie die von Ihnen entworfene Schnittstelle gut finden, können dies aber auch unterlassen. Vielleicht beginnen Sie einfach noch einmal ganz von vorne.

Vielleicht haben Sie aber auch drei Designalternativen. Programmieren Sie einen Tag lang für jede Alternative, um ein Gefühl für deren Tauglichkeit zu bekommen. Werfen Sie den Code weg und beginnen Sie erneut mit dem Design, das am vielversprechendsten zu sein schien.

Die Designstrategien von XP ähneln einem Algorithmus für eine Bergbesteigung. Sie fangen mit einem einfachen Design an, machen es etwas komplizierter, dann wieder etwas einfacher, dann wieder etwas komplizierter. Schwierig ist es hier, den in einem bestimmten Kontext optimalen Punkt zu finden, an dem sich die Situation nicht durch kleine Änderungen, sondern nur durch eine umfangreiche Änderung verbessern lässt.

Was, wenn man sich beim Programmieren in eine Sackgasse manövriert hat? Mut. Irgendwann kommt immer jemand im Team auf eine verrückte Idee, die die ganze Komplexität des Systems entschärfen kann. Wenn das Team mutig ist, probiert es die Idee aus. Und das funktioniert (manchmal). Wenn das Team Mut hat, nimmt es dieses System in Betrieb. Damit begibt man sich auf einen völlig neuen Weg.

Wenn die ersten drei Werte nicht gegeben sind, dann ist Mut einfach nur »Hacken« (hier abwertend gemeint). In der Kombination mit Kommunikation, Einfachheit und Feedback ist Mut unschätzbar.

Kommunikation fördert Mut, da damit Möglichkeiten für risikoreichere, lohnenswerte Experimente eröffnet werden. »Dir gefällt das nicht? Ich hasse diesen Code. Lass uns einmal ausprobieren, wie viel wir davon in einem Nachmittag ersetzen können.« Einfachheit fördert Mut, da man viel mutiger sein kann, wenn man mit einem einfachen System zu tun hat. Es ist viel weniger wahrscheinlich, dass man ein solches System versehentlich beschädigt. Mut fördert wiederum Einfachheit, da man das System zu vereinfachen versucht, sobald man eine Möglichkeit hierzu sieht. Konkrete Feedbacks fördern Mut, da man sich viel sicherer fühlt, wenn man nach einer radikalen Codeänderung eine Taste drücken kann und sieht, dass die Tests funktionieren (oder nicht, in welchem Fall Sie den Code wegwerfen).

Die Werte in der Praxis

Ich bat das C3-Team (das erste große XP-Projekt, das ich bereits an früherer Stelle erwähnte), mir etwas über den Moment zu erzählen, auf den sie in dem Projekt am stolzesten sind. Ich hoffte, Geschichten über große Refactoring-Aktionen oder entscheidende Tests oder einen glücklichen Kunden zu hören. Stattdessen erzählte man mir Folgendes:

Ich bin auf den Moment am stolzesten, als Edi eine Stelle annahm, die näher an seinem Wohnsitz war, um sich die zwei Stunden täglichen Hin- und Herfahrens zu ersparen und mehr Zeit mit seiner Familie verbringen zu können. Das Team hat seine Entscheidung voll und ganz respektiert. Niemand brachte etwas gegen ihn vor, weil er das Team verlassen wollte. Jeder fragte bloß, ob er helfen könne.

Dies weist auf einen tieferen Wert hin, einen Wert, der sich unterhalb der Oberfläche der anderen vier versteckt – Respekt. Wenn sich die Teammitglieder nicht füreinander und für das, was der andere tut, interessieren, dann ist XP zum Scheitern verurteilt. Dies gilt wahrscheinlich auch für die meisten anderen Ansätze der Softwareprogrammierung (oder überhaupt für die Arbeit), aber XP ist in dieser Beziehung extrem empfindlich. Wenn grundlegende Sympathie und Interesse vorhanden sind, dann wird in einem XP-Projekt genügend Schmierung für all die Teile da sein, die aneinander reiben. Wenn sich die Mitglieder eines Teams nicht für das Projekt interessieren, dann kann nichts und niemand das Projekt retten. Sofern aber zumindest ein geringes Maß an Begeisterung gegeben ist, dann kann XP für ein positives Feedback sorgen. Es geht dabei nicht um Manipulation, vielmehr geht es einfach darum, Spaß daran zu haben, an einer Sache teilzuhaben, die funktioniert, statt an einer Sache, die nicht funktioniert.

Dieses ganze hochgeistige Gerede ist ja schön und gut, aber wenn es keine Möglichkeit gibt, das alles in der Praxis nachzuvollziehen, durchzusetzen und diese Werte zur zweiten Natur werden zu lassen, dann haben wir nicht mehr vor uns, als einen weiteren Sprung in den Sumpf methodisch guter Absichten. Wir müssen als Nächstes konkretere Richtlinien entwickeln, die uns zu Verfahren führen, die jene vier Werte (Kommunikation, Einfachheit, Feedback und Mut) erfüllen und repräsentieren.

8 Grundprinzipien

Von den vier Werten leiten wir einige Grundprinzipien als Richtlinien für unseren neuen Stil ab. Wir überprüfen die vorgeschlagenen Entwicklungsverfahren daraufhin, ob sie diesen Grundprinzipien genügen.

Die Fahrstundengeschichte erinnert uns daran, viele kleine Änderungen vorzunehmen und dabei nie die Straße aus dem Blick zu verlieren. Die vier Werte – Kommunikation, Einfachheit, Feedback und Mut – bilden unsere vier Kriterien für eine erfolgreiche Lösung. Diese Werte sind jedoch zu vage, als dass sie uns bei der Entscheidung, welche Verfahren verwendet werden sollen, unterstützen könnten. Wir müssen die Werte in konkrete Prinzipien übersetzen, mit denen wir arbeiten können.

Mithilfe dieser Prinzipien können wir zwischen verschiedenen Alternativen auswählen. Wir werden derjenigen Alternative den Vorzug geben, die den Prinzipien eher entspricht als die anderen Alternativen. Jedes Prinzip verkörpert die Werte. Ein Wert ist etwas Unbestimmtes. Was für eine Person einfach ist, kann für eine andere kompliziert sein. Ein Prinzip ist konkreter. Entweder bekommt man ein unmittelbares Feedback oder nicht. Dies sind die Grundprinzipien:

- Unmittelbares Feedback
- Einfachheit anstreben
- Inkrementelle Veränderung
- Veränderungen wollen
- Qualitätsarbeit

Unmittelbares Feedback – Die Lernpsychologie lehrt, dass der Zeitraum zwischen einer Aktion und deren Feedback für den Lernprozess von entscheidender Bedeutung ist. Tierexperimente zeigen, dass bereits kleine Abweichungen im zeitlichen Abstand des Feedbacks deutlich verschiedene Lernprozesse bedingen. Einige Sekunden Verzögerung zwischen Reiz und Reaktion und die Maus lernt nicht, dass der rote Knopf Futter bedeutet. Daher lautet eines der Prinzipien, möglichst schnell Feedbacks zu erhalten, sie zu interpretieren und das Gelernte wieder dem System zuzuführen. Das Unternehmen erkennt, wie das System am besten zur Arbeit beitragen kann, und meldet diese Erkenntnis nach Tagen oder Wochen statt nach Monaten oder Jahren zurück. Die Programmierer lernen, wie sie das System am besten entwerfen, implementieren und testen, und melden diese Erkenntnisse nach Sekunden oder Minuten statt nach Tagen, Wochen oder Monaten zurück.

Einfachheit anstreben – Behandeln Sie jedes Problem so, als wäre es lächerlich einfach zu lösen. Die Zeit, die Sie bei 98% der Probleme sparen, für die dies zutrifft, lässt Ihnen unglaubliche Ressourcen für die übrigen 2%. Dieses Prinzip ist für Programmierer oft am schwersten zu akzeptieren. Wir werden üblicherweise dazu angehalten, für die Zukunft zu planen und wiederverwendbare Softwaremodule zu entwerfen. XP fordert dagegen, die heute anliegende Aufgabe gut zu erledigen (Tests, Refactoring, Kommunikation) und der Fähigkeit zu vertrauen, Komplexität bei Bedarf zu einem späteren Zeitpunkt hinzufügen zu können. Die Ökonomie der Softwareentwicklung in Form von Optionen fördert diesen Ansatz.

Inkrementelle Veränderungen – Umfangreiche Änderungen, die auf einmal durchgeführt werden, funktionieren einfach nicht. Sogar in der Schweiz, dem Zentrum pedantischer Planung, wo ich nun lebe, versucht man nicht, radikale Veränderungen vorzunehmen. Jedes Problem wird durch eine Reihe kleinerer, jedoch wirkungsvoller Änderungen gelöst.

Veränderungen wollen – Die beste Strategie ist diejenige, die das dringendste Problem löst und Ihnen gleichzeitig die meisten Optionen offen hält.

Qualitätsarbeit – Niemand arbeitet gern schlampig. Jeder möchte gute Arbeit leisten. Von den vier Variablen von Entwicklungsprojekten – Umfang, Kosten, Zeit und Qualität – ist Qualität eigentlich keine wirklich freie Variable. Die einzigen möglichen Werte sind »hervorragend« und »äußerst hervorragend«, was davon abhängt, ob es um Leben und Tod geht oder nicht. Andernfalls macht Ihnen Ihre Arbeit keinen Spaß, Sie arbeiten nicht gut und mit dem Projekt geht es bergab.

Es folgen einige weniger zentrale Prinzipien. Mithilfe dieser Prinzipien können wir entscheiden, was in einer bestimmten Situation zu tun ist.

- Lernen lehren
- Kleine Anfangsinvestition
- Spielen, um zu gewinnen
- Gezielte Experimente
- Offene, ehrliche Kommunikation
- Die Instinkte der Mitarbeiter nutzen, nicht dagegen arbeiten
- Verantwortung übernehmen
- An örtliche Gegebenheiten anpassen
- Mit leichtem Gepäck reisen
- Ehrliches Messen (engl. honest measurement)

Lernen lehren (teach learning) – Statt eine Reihe doktrinärer Aussagen zu machen, wie z.B. »Du sollst testen wie XYZ«, konzentrieren wir uns darauf, Strategien dafür zu lehren, wie man lernt, im richtigen Umfang zu testen oder ein System zu entwerfen, zu überarbeiten oder etwas anderes zu tun. Wir werden uns einiger dieser Ideen ganz sicher sein. Es wird andere Ideen geben, in die wir nicht so viel Vertrauen haben, und diese Ideen werden wir als Strategien formulieren, anhand derer die Leser ihre eigenen Antworten in Erfahrung bringen können.

Kleine Anfangsinvestition (small initial investment) – Zu viele Ressourcen zu früh in einem Projekt einzusetzen führt zu Katastrophen. Knappe Budgets zwingen Programmierer und Kunden dazu, Anforderungen und Ansätze zu beschneiden. Die Fokussierung, die ein knappes Budget mit sich bringt, ermutigt Sie dazu, bei allem möglichst gute Arbeit zu leisten. Ressourcen können auch zu knapp bemessen sein. Wenn Ihnen sogar die Ressourcen dafür fehlen, ein einziges wichtiges Problem zu lösen, dann ist das System, das Sie erarbeiten, bestimmt nicht interessant. Falls jemand Umfang, Termine, Qualität und Kosten diktiert, dann werden Sie wahrscheinlich nicht in der Lage sein, zu einem guten Ende zu kommen. In den meisten Fällen kann man jedoch mit weniger Ressourcen auskommen, als man gerne hätte.

Spielen, um zu gewinnen (play to win) – Es war immer eine Freude, dem UCLA-Basketball-Team von John Wooden zuzusehen. In der Regel vernichtete dieses Team den Gegner. Auch wenn der Spielstand noch in den letzten Minuten knapp war, war das UCLA-Team absolut sicher, das Spiel zu gewinnen. Schließlich hatte man so viele Male zuvor gewonnen. Daher war das Team entspannt. Es tat, was es tun musste, und gewann erneut.

Ich erinnere mich an ein Basketballspiel mit einem Team aus Oregon, das im Gegensatz hierzu ganz anders verlief. Das Team aus Oregon spielte gegen ein Team aus Arizona, das zu den besten des Landes gehörte und vier Spieler an die NBA abgeben sollte. Zur Halbzeit lag Oregon erstaunlicherweise mit 12 Punkten vorn. Arizona gelang nichts und Oregons Angriffsspieler stellten das Team aus Arizona vor ein Rätsel. Nach der Halbzeitpause versuchte Oregon jedoch, möglichst langsam zu spielen und das Spiel zu verzögern, um den Vorsprung zu halten. Diese Strategie hat nicht funktioniert. Arizona fand Wege, seine spielerische Überlegenheit zu nutzen und das Spiel zu gewinnen.

Der Unterschied besteht darin, ob man spielt, um zu gewinnen, oder ob man spielt, um nicht zu verlieren. Die meisten Softwareentwicklungsprojekte, die ich kenne, werden gespielt, um nicht zu verlieren. Es wird eine Menge Papier vollgeschrieben. Es werden eine Menge Meetings abgehalten. Jeder versucht, »genau nach Vorschrift« zu entwickeln, nicht, weil dies besonders sinnvoll erscheint, sondern weil man am Schluss sagen können möchte, dass man sich keiner Schuld bewusst ist, weil man sich genau an die Regeln gehalten hat. Man hält sich bedeckt.

Softwareentwicklung, die auf Sieg spielt, tut alles, was dem Team diesen Sieg ermöglicht, und tut nichts, was nicht zum Sieg beiträgt.

Gezielte Experimente (concrete experiments) – Wann immer man eine Entscheidung fällt und diese nicht überprüft, besteht eine gewisse Wahrscheinlichkeit, dass falsch ist. Je mehr Entscheidungen man trifft, desto stärker wachsen die damit verbundenen Risiken an. Das Ergebnis einer Designsitzung sollte daher eine Reihe von Experimenten sein, mit denen sich Fragen, die während der Sitzung gestellt wurden, überprüfen lassen, und kein fertiges Design. Ergebnis einer Diskussion der Anforderungen sollte auch eine Reihe von Experimenten sein. Jede abstrakte Entscheidung sollte getestet werden.

Offene, ehrliche Kommunikation – Dies ist eine so selbstverständliche Forderung, dass ich sie fast weggelassen hätte. Wer würde nicht gern offen und ehrlich kommunizieren? Programmierer müssen in der Lage sein, die Konsequenzen von anderer Leute Entscheidungen zu erklären: »Du hast hier gegen die Kapselung verstoßen und das hat mich wirklich durcheinander gebracht.« Sie müssen einander sagen können, wo Probleme im Code vorhanden sind. Sie dürfen keine Angst haben, ihre Befürchtungen zu äußern und um Unterstützung zu bitten. Sie müssen die Freiheit haben, den Kunden und dem Management schlechte Nachrichten zu überbringen – und zwar frühzeitig –, und dafür nicht bestraft zu werden.

Wenn ich mitbekomme, wie sich jemand umsieht und nach möglichen Zuhörern Ausschau hält, bevor er eine Frage beantwortet, dann ist das für mich ein Anzeichen dafür, dass das Projekt in ernsten Schwierigkeiten steckt. Falls persönliche Dinge besprochen werden, kann ich das Bedürfnis nach Privatheit verstehen. Aber die Frage, welches von zwei Objektmodellen verwendet werden soll, ist keine Angelegenheit, die als »Geheimsache« deklariert werden sollte.

Die Instinkte der Mitarbeiter für sich nutzen, nicht dagegen arbeiten – Man gewinnt gern. Man lernt gern. Man sucht die Interaktion mit anderen. Man ist gern Teil eines Teams. Man hat gern alles unter Kontrolle. Man schätzt es, wenn andere einem vertrauen. Man leistet gern gute Arbeit. Man möchte, dass die eigene Software funktioniert.

Paul Chisolm schreibt:

Ich nahm an einer Sitzung teil, auf der der Möchtegernmanager der Qualitätskontrolle vorschlug, etwa ein halbes Dutzend Felder hinzuzufügen (zu einem Online-Formular, das bereits voll von Daten war, die von keinem verwendet wurden), nicht weil die Infor-

mationen nützlich sein würden, sondern weil man durch das Ausfüllen dieser Felder angeblich ZEIT SPAREN würde. Meine Reaktion war, dass ich meinen Kopf auf den Konferenztisch schlug, wie eine Zeichentrickfigur der Warner Brothers, die gerade etwas Unglaubliches gehört hat, und ihm sagte, er solle aufhören, mich anzulügen. (Bis zum heutigen Tag bin ich mir nicht sicher, ob dies eines der unprofessionellsten Dinge war, die ich jemals getan habe, oder aber eines der professionellsten. Ein Augenarzt sagte mir, ich solle aufhören, den Kopf gegen Dinge zu schlagen, da sich dadurch die Netzhaut lösen könnte.) (Quelle: E-Mail)

Es ist schwierig, ein Verfahren zu entwerfen, bei dem die Verfolgung kurzfristiger Eigeninteressen gleichzeitig langfristigen Interessen des Teams dient. Man kann so lange und so oft, wie man will, behaupten, dass irgendein Verfahren langfristig im Interesse aller ist, aber wenn das Verfahren ein unmittelbares Problem nicht lösen kann und der Druck steigt, dann wird man das Verfahren verwerfen. Wenn XP nicht mit den kurzfristigen Interessen der Beteiligten arbeiten kann, dann ist XP zu einem Dasein in der dunklen methodologischen Peripherie verurteilt.

Einige Leute schätzen an XP, dass hier zu sehen ist, was Programmierer tun, wenn sie sich selbst überlassen bleiben, und gerade so viel Kontrolle ausgeübt wird, um den gesamten Prozess auf dem richtigen Gleis zu halten. Ich erinnere mich an eine Bemerkung, die, lautete: »XP entspricht der Beobachtung von Programmierern auf freier Wildbahn.«

Verantwortung übernehmen (accepted responsibility) – Nichts schwächt das Engagement eines Teams oder eines einzelnen so sehr, wie gesagt zu bekommen, was man tun soll, insbesondere wenn die Aufgabe offensichtlich unmöglich zu bewältigen ist. Autoritätsbekundungen funktionieren nur dann, wenn man Leute dazu bringt, so zu tun, als seien sie einverstanden. Wenn jemandem vorgeschrieben wird, was er zu tun hat, wird er im Lauf der Zeit tausend Möglichkeiten finden, seine Frustration zum Ausdruck zu bringen, was sich meist zum Nachteil des Teams und häufig zum Nachteil des Betroffenen selbst entwickelt.

Die Alternative besteht darin, dass Verantwortung übernommen, statt zugewiesen wird. Das heißt nicht, dass man immer genau das tun kann, wozu man Lust hat. Man ist Teil eines Teams und wenn das Team zu dem Schluss kommt, dass eine bestimmte Aufgabe erledigt werden muss, dann muss jemand diese Aufgabe übernehmen, ganz gleich wie unangenehm sie sein mag.

An örtliche Gegebenheiten anpassen (local adaption) – Sie müssen das, was Sie in diesem Buch lesen, an die Gegebenheiten anpassen, die Sie konkret vorfinden. Dies ist die Anwendung übernommener Verantwortung auf Ihren Entwicklungsprozess. XP anzupassen heißt nicht, dass ich entscheide, wie Sie entwickeln sollen. Es heißt, dass Sie entscheiden, wie Sie entwickeln. Ich kann Ihnen sagen, was meiner Erfahrung nach funktioniert. Ich kann die Konsequenzen aufzeigen, die meiner Meinung nach ein Abweichen von den hier beschriebenen Verfahren hat. Schlussendlich ist es jedoch Ihr Prozess. Sie müssen heute über irgendetwas entscheiden. Sie müssen wissen, ob das morgen auch noch funktioniert. Sie müssen ändern und anpassen. Sie sollen dies nicht lesen und denken: »Endlich weiß ich, wie man programmiert.« Sie sollten nach der Lektüre sagen: »Ich soll all diese Entscheidungen treffen *und* programmieren?« Genau, das sollen Sie. Aber es ist es wert.

Mit leichtem Gepäck reisen (travel light) – Man kann nicht erwarten, sich schnell bewegen zu können, wenn man eine Menge Gepäck mit sich herumschleppt. Wir sollten Dinge behalten, die sich durch folgende Eigenschaften auszeichnen:

- wenig
- einfach
- wertvoll

Das XP-Team verwandelt sich in intellektuelle Nomaden, die stets darauf vorbereitet sind, rasch die Zelte abzubrechen und der Herde zu folgen. Die Herde kann in diesem Fall das Design sein, das sich in eine andere Richtung entwickelt als erwartet, oder eine Technologie, die plötzlich in aller Munde ist, oder eine veränderte Geschäftslage.

Wie Nomaden gewöhnt sich das XP-Team daran, mit leichtem Gepäck zu reisen. Man schleppt nicht viel Ballast mit sich, sondern nur das, was unbedingt erforderlich ist, um weiterhin für den Kunden Wert schaffen zu können – Tests und Code.

Ehrliches Messen (honest measurement) – Unser Streben nach Kontrolle über die Softwareentwicklung hat uns dazu gebracht, unsere Arbeit zu messen, was in Ordnung ist. Allerdings hat es uns auch dazu gebracht, auf einer Detailebene zu messen, die von unseren Instrumenten nicht unterstützt wird. Es ist besser, man sagt: »Dies wird ungefähr zwei Wochen dauern«, als zu sagen: »14,176 Stunden«, wenn man die genaue Zeitdauer nicht mit Sicherheit einschätzen kann. Wir werden uns auch darum bemühen, Maßeinheiten zu finden, die in einer Beziehung zu der von uns angestrebten Arbeitsweise stehen. Beispielsweise sind Codezeilen eine nutzlose Maßeinheit angesichts von Code, der schrumpft, wenn wir lernen, wie man bessere Programmiertechniken einsetzt.

9 Zurück zu den Grundlagen

Wir möchten alles Nötige tun, um eine stabile, vorhersehbare Softwareentwicklung zu erhalten. Allerdings haben wir keine Zeit für zusätzliche Arbeiten. Die vier grundlegenden Arbeitsschritte der Softwareentwicklung sind Programmieren, Testen, Zuhören und Entwerfen.

»Fahren lernen«. Vier Werte – Kommunikation, Einfachheit, Feedback und Mut. Etwa zwei Dutzend Prinzipien. Jetzt sind wir bereit, mit dem Aufbau einer Disziplin der Softwareentwicklung zu beginnen. Der erste Schritt besteht darin, über den Umfang zu entscheiden. Was genau versuchen wir vorzuschreiben? Auf welche Art von Problemen gehen wir ein und welche Art von Probleme werden wir ignorieren?

Ich erinnere mich daran, wie ich zuerst in BASIC zu programmieren gelernt habe. Ich besaß einige Arbeitsbücher, die die Grundlagen der Programmierung behandelten. Ich hatte diese Bücher schnell durchgearbeitet. Danach wollte ich ein anspruchsvolleres Problem angehen als die kleinen Übungen in diesen Büchern. Ich beschloss, ein StarTrek-Spiel zu schreiben, das einem Spiel ähneln sollte, welches ich in Berkeley in der Lawrence Hall of Science gespielt hatte, aber noch besser sein sollte.

Mein Verfahren zum Schreiben eines Programms, mit dem die Arbeitsbuchübungen gelöst werden sollten, bestand darin, einige Minuten lang auf das Problem zu starren, den Code zu seiner Lösung einzutippen und dann die Probleme zu lösen, die der Code verursachte. Ich setzte mich also zuversichtlich an meinen Computer, um mein Spiel zu schreiben. Aber ich hatte keine Ahnung, wie man eine Anwendung schreiben sollte, die mehr als 20 Zeilen umfasst. Ich ging vom Computer weg und versuchte, ein ganzes Programm auf Papier zu schreiben, bevor ich es eingab. Nach drei Zeilen kam ich wieder nicht mehr weiter.

Ich musste etwas tun, was über die Programmierung hinausging. Aber ich konnte nur programmieren.

Was passiert, wenn wir jetzt, um einige Erfahrungen reicher, zu diesem Zustand zurückkehren? Was würden wir tun? Wir wissen, dass wir nicht einfach »programmieren können, bis wir fertig sind.« Welche Arbeitsschritte würden wir noch aufnehmen? Was würden wir von den einzelnen Schritten erwarten, wenn wir sie nochmals zum ersten Mal ausführten?

Programmieren

Am Ende des Arbeitstages muss es ein Programm geben. Daher nominiere ich das Programmieren zu dem Schritt, ohne den wir nicht auskommen. Ob Sie nun Diagramme zeichnen, die Code generieren, oder etwas in einen Browser eingeben – Sie programmieren.

Was erwarten wir vom Code? Die wichtigste Sache ist das Lernen. Ich lerne, indem ich einen Gedanken habe und diesen dann teste, um zu sehen, ob er etwas taugt. Programmieren ist die beste Möglichkeit, dies zu tun. Programmcode wird nicht durch die Macht und Logik der Rhetorik beeinflusst. Code lässt sich nicht durch Universitätsabschlüsse oder dicke Gehälter beeindrucken. Code ist einfach da und führt das aus, was Sie ihn zu tun angewiesen haben. Falls dies nicht dem entspricht, was Sie glaubten, angewiesen zu haben, dann ist das Ihr Problem.

Wenn Sie etwas programmieren, dann haben Sie zudem die Möglichkeit, zu lernen, wie der Programmcode am besten strukturiert wird. Es gibt bestimmte Anzeichen im Code, an denen Sie erkennen können, dass Sie bislang noch nicht die notwendige Struktur verstanden haben.

Code gibt Ihnen auch die Möglichkeit, klar und präzise zu kommunizieren. Wenn Sie eine Idee haben und sie mir zu erklären versuchen, kann es passieren, dass ich Sie missverstehe. Wenn wir die Idee jedoch zusammen in Programmcode fassen, dann kann ich anhand der Logik Ihres Programmcodes die Gestalt Ihrer Idee präzise erkennen. Ich sehe die Gestalt Ihrer Ideen hier so, wie sie gegenüber der Außenwelt ausgedrückt werden, und nicht so, wie Sie sie im Kopf haben.

Diese Kommunikation kann zu einer Lernerfahrung führen. Ich erkenne Ihre Idee und mir fällt selbst etwas ein. Ich habe Schwierigkeiten, meine Idee in Worte zu fassen und verwende daher auch Programmcode, um sie auszudrücken. Da es sich um eine Idee handelt, die mit Ihrer Idee in Beziehung steht, steht auch unser Code miteinander in Beziehung. Sie sehen meine Idee und haben wiederum eine andere Idee.

Programmcode ist darüber hinaus der Teil, ohne den die Entwicklung absolut nicht auskommen kann. Ich habe von Systemen gehört, die in Produktion blieben, obwohl der gesamte Quellcode verloren gegangen war. Allerdings passiert so etwas immer seltener. Damit ein System lebensfähig bleibt, muss es seinen Quellcode bewahren.

Da der Quellcode vorliegen muss, sollten wir ihn in der Softwareentwicklung für möglichst viele Zwecke verwenden. Es stellt sich heraus, dass man den Code als Kommunikationsmittel nutzen kann – um taktische Vorhaben auszudrücken, Algorithmen zu beschreiben, Ansatzpunkte für künftige Erweiterungen oder Kürzungen aufzuzeigen. Code kann auch eingesetzt werden, um Tests auszudrücken, Tests, die sowohl die Funktionsweise des Systems objektiv testen als auch eine wertvolle operationale Spezifikation des Systems auf allen Ebenen bieten können.

Testen

Die englischen Philosophen und Positivisten Locke, Berkeley und Hume behaupteten, dass nur das, was sich messen lässt, existiert. Was Programmcode betrifft, stimme ich dieser Behauptung uneingeschränkt zu. Softwarefunktionen, die sich nicht durch automatisierte Tests vorführen lassen, existieren einfach nicht. Ich kann mich ohne weiteres selbst glauben machen, dass ich genau das geschrieben habe, was ich schreiben wollte. Ich kann mich auch ohne weiteres davon überzeugen, dass das, was ich schreiben wollte, genau das ist, was ich schreiben sollte. Daher vertraue ich meinen Programmen erst dann, wenn ich Tests dafür habe. Die Tests geben mir die Möglichkeit, unabhängig von der Implementierung darüber nachzudenken, was ich möchte. Die Tests geben dann darüber Aufschluss, ob ich tatsächlich das implementiert habe, was ich implementieren wollte.

Die meisten Leute assoziieren mit automatisierten Tests Funktionstests, d.h. Tests, die prüfen, welche Zahlen berechnet werden. Je mehr Erfahrungen ich im Schreiben von Tests sammle, desto mehr Möglichkeiten entdecke ich, Tests für nichtfunktionale Anforderungen zu schreiben, wie z.B. für die Performanz oder die Einhaltung bestimmter Standards.

Erich Gamma prägte den Ausdruck »testinfiziert«, um Leute zu beschreiben, die erst dann zu programmieren anfangen, wenn sie bereits einen Test haben. Anhand der Tests erkennen Sie, wann Sie fertig sind – wenn die Tests fehlerfrei ausgeführt werden, sind Sie vorerst einmal mit dem Programmieren fertig. Wenn Ihnen keine Tests mehr einfallen, die Fehler aufdecken könnten, dann sind Sie wirklich fertig.

Tests sind sowohl eine Ressource als auch eine Verantwortung. Es ist nicht so, dass Sie einen Test schreiben, diesen ausführen und dann fertig sind; damit ist es nicht getan. Sie sind dafür verantwortlich, jeden Test zu schreiben, von dem Sie vermuten, er könnte fehlschlagen. Nach einer Weile werden Sie Tests besser einzuschätzen lernen – wenn diese beiden Tests funktionieren, dann kann ich getrost darauf schließen, dass auch dieser dritte Test funktioniert, ohne ihn explizit programmieren zu müssen. Natürlich ist dies genau die Art von Schlussfolgerung, die zu Bugs in Programmen führt, und daher müssen Sie vorsichtig damit sein. Falls später Probleme auftreten, die durch diesen dritten Test aufgedeckt worden wären, dann müssen Sie bereit sein, daraus zu lernen und das nächste Mal diesen dritten Test eben zu schreiben.

Die meiste Software wird ausgeliefert, ohne in der Entwicklung umfassende automatisierte Tests durchlaufen zu haben. Automatisierte Tests sind sicherlich nicht unabdingbar. Warum lasse ich also das Testen in meiner Liste unabdingbarer Aktivitäten nicht weg? Ich habe zwei Antworten: eine kurzfristige und eine langfristige.

Die langfristige Antwort lautet, dass Tests Programme länger am Leben erhalten (sofern die Tests ausgeführt und gepflegt werden). Wenn Tests vorliegen, dann können Sie über längere Zeit mehr Änderungen vornehmen, als ohne Tests. Ihr Vertrauen in das System wird mit der Zeit stärker, wenn Sie kontinuierlich Tests schreiben.

Eines unserer Prinzipien ist, nicht gegen die menschliche Natur zu arbeiten, sondern Instinkte zu nutzen. Wenn Sie nur das Argument hätten, dass sich das Testen langfristig auszahlt, dann hätte das Testen keine Chance. Einige Leute würden aus Pflichtgefühl testen oder weil ihnen jemand über die Schulter blickt. Sobald die Aufmerksamkeit oder der Druck nachlässt, würden keine neuen Tests geschrieben und die vorhandenen Tests würden nicht mehr ausgeführt; die ganze Sache würde sich auflösen. Wenn wir nicht gegen die menschliche Natur arbeiten wollen, dann müssen wir kurzfristige Gründe für das Testen finden.

Glücklicherweise gibt es einen Grund, warum sich das Schreiben von Tests auch kurzfristig lohnt. Das Programmieren macht viel mehr Spaß, wenn man mit Tests arbeitet. Sie müssen sich nicht lange mit zermürbenden Gedanken aufhalten wie: »Nun gut, ich weiß, dass dies jetzt richtig ist, aber habe ich damit etwas anderes zerstört?« Sie drücken einfach die Testtaste. Führen Sie sämtliche Tests aus. Wenn Sie grünes Licht erhalten, dann können Sie die nächste Aufgabe wieder zuversichtlicher in Angriff nehmen.

Ich habe mich dabei ertappt, wie ich in einer öffentlichen Programmiervorführung so vorging. Jedes Mal, wenn ich mich vom Publikum abwandte, um mit dem Programmieren zu beginnen, drückte ich meine Testtaste. Ich hatte nichts am Code geändert. Auch sonst war nichts verändert worden. Ich wollte einfach eine Portion Vertrauen bekommen. Zu sehen, dass die Tests immer noch funktionieren, hat mir dieses Vertrauen gegeben.

Zusammen zu programmieren und zu testen ist auch schneller, als nur zu programmieren. Als ich anfing, habe ich diesen Effekt nicht erwartet, mir ist er aber natürlich aufgefallen und ich habe von einer Menge anderer Leute gehört, dass sie die gleiche Erfahrung gemacht haben. Wenn Sie nicht testen, gewinnen Sie vielleicht eine halbe Stunde. Sobald Sie sich einmal an das Testen gewöhnt haben, werden Sie aber bald einen Unterschied hinsichtlich der Produktivität feststellen. Die Erhöhung der Produktivität ergibt sich daraus, dass Sie weniger Zeit für das Debuggen aufwenden. Sie müssen nicht mehr stundenlang nach einem Bug suchen, Sie finden ihn innerhalb weniger Minuten. Gelegentlich will ein Test einfach nicht laufen. In solchen Fällen haben Sie es wahrscheinlich mit einem größeren Problem zu tun und Sie müssen dann zurückgehen und überprüfen, ob die Tests korrekt sind oder ob das Design verbessert werden muss.

Es gibt jedoch eine Gefahr. Schlechte Tests werden zu rosaroten Brillen. Sie gewinnen fälschlicherweise den Eindruck, dass das System funktioniert, da alle Tests ausgeführt werden. Sie machen weiter und sind sich nicht bewusst, dass Sie sich eine Falle gestellt haben, die zuschnappt, wenn Sie sich das nächste Mal in diese Richtung bewegen.

Beim Testen kommt es darauf an, das richtige Maß an gerade noch tolerierbaren Mängeln zu finden. Wenn Sie mit einer Kundenbeschwerde im Monat leben können, dann investieren Sie in das Testen und verbessern das Testverfahren, bis Sie dort angelangt sind. Dann setzen Sie diesen Teststandard ein und machen so weiter, als wäre das System völlig in Ordnung, wenn alle Tests ausgeführt werden.

Wie ich später darlegen werde, haben wir es mit zwei Kategorien von Tests zu tun. Wir haben Komponententests, die von den Programmierern geschrieben werden, um sich davon zu überzeugen, dass ihre Programme so arbeiten, wie sie sich das vorstellen. Wir haben zudem Funktionstests, die von den Kunden geschrieben (oder zumindest spezifiziert) werden, um sich davon zu erzeugen, dass das System als Ganzes so arbeitet, wie sie es sich vorstellen.

Es gibt zwei Zielgruppen für Tests. Die Programmierer müssen ihr Vertrauen in Form von Tests konkretisieren, damit auch alle anderen das gleiche Vertrauen haben können. Die Kunden müssen eine Reihe von Tests vorbereiten, die ihrem Vertrauen Ausdruck geben: »Ich denke, wenn man all diese Fälle berechnen kann, muss das System funktionieren.«

Zuhören

Programmierer haben von nichts Ahnung. Oder besser, Programmierer haben von nichts Ahnung, von dem die Geschäftsleute denken, dass es von Interesse ist. Ich glaube, wenn Geschäftsleute ohne uns Programmierer auskommen könnten, dann würden sie uns blitzschnell rauswerfen.

Worauf will ich damit hinaus? Wenn Sie beschließen zu testen, dann müssen Sie die Antworten von irgendwoher bekommen. Da Sie (als Programmierer) keine Ahnung haben, müssen Sie andere fragen. Die anderen werden Ihnen sagen, welche Antworten erwartet werden und wie aus der Geschäftsperspektive einige der ungewöhnlichen Fälle aussehen.

Wenn Sie vorhaben, Fragen zu stellen, dann müssen Sie auch bereit sein, sich die Antworten anzuhören. Daher ist Zuhören die dritte Aktivität in der Softwareentwicklung.

Programmierer müssen auch einem größeren Publikum zuhören. Sie müssen dem Kunden zuhören, worin seiner Meinung nach das zu lösende Geschäftsproblem besteht. Sie helfen dem Kunden zu verstehen, was schwierig und was einfach ist, daher ist es eine Art von aktivem Zuhören. Das Feedback, das sie dem Kunden geben, hilft diesem, das vorliegende Geschäftsproblem besser zu verstehen.

Einfach zu sagen, Sie sollten einander und dem Kunden zuhören, ist nicht sehr hilfreich. Die Leute versuchen es und es funktioniert nicht. Wir müssen eine Möglichkeit finden, die Kommunikation in einer Weise zu strukturieren, dass die Dinge, die mitgeteilt werden müssen, dann mitgeteilt werden, wenn sie mitgeteilt werden müssen, und in der Ausführlichkeit, in der sie mitgeteilt werden müssen. Umgekehrt sollen die von uns entwickelten Regeln eine Kommunikation verhindern, die nicht weiterhilft oder die stattfindet, bevor das, was mitgeteilt wird, wirklich verstanden worden ist, oder die so ausführlich ist, dass nicht erkennbar ist, welcher Teil der Mitteilung wichtig ist.

Design entwerfen

Warum kann man nicht einfach zuhören, einen Testfall schreiben, diesen ausführen, zuhören, einen Testfall schreiben, diesen ausführen und dies unendlich fortsetzen? Weil wir wissen, dass es so nicht funktioniert. Man kann das eine Zeit lang tun. Bei Verwendung einer nachsichtigen Sprache kann man das sogar eine recht lange Zeit lang tun. Irgendwann einmal wird man jedoch so nicht mehr weiterkommen. Die einzige Möglichkeit, den nächsten Testfall lauffähig zu machen, besteht dann darin, einen anderen außer Kraft zu setzen. Oder die einzige Möglichkeit, einen Testfall zum Laufen zu bringen, ist sehr viel aufwändiger, als es der Test eigentlich wert ist. Die Entropie fordert ein weiteres Opfer.

Die einzige Möglichkeit, dies zu vermeiden, besteht darin, ein Design zu entwerfen. Mit dem Entwurf eines Designs ist die Schaffung einer Struktur zur Organisation der Logik des Systems gemeint. Ein gutes Design strukturiert die Logik so, dass eine Änderung an einem Teil des Systems nicht unbedingt eine Änderung an einem anderen Teil des Systems bedingt. Ein gutes Design stellt sicher, dass jedes Element der Logik des System nur an einer Stelle beheimatet ist. Ein gutes Design rückt die Logik in die Nähe der Daten, die damit verarbeitet werden. Ein gutes Design erlaubt eine Erweiterung des Systems, wobei nur an einer Stelle Veränderungen vorzunehmen sind.

Ein schlechtes Design ist dem entgegengesetzt. Eine konzeptionelle Änderung erfordert Änderungen an vielen Teilen des Systems. Logik muss dupliziert werden. Die Kosten, die ein schlechtes Design verursacht, werden zu guter Letzt untragbar sein. Man kann sich einfach nicht mehr daran erinnern, an welchen Stellen die implizit miteinander verknüpften Änderungen vorgenommen werden müssen. Man kann keine neuen Funktionen hinzufügen, ohne vorhandene Funktionen außer Kraft zu setzen.

Komplexität ist eine weitere Quelle schlechten Designs. Wenn ein Design vier Ableitungsebenen erfordert, bis man herausfindet, was tatsächlich vor sich geht, und wenn diese Ebenen keinen besonderen funktionellen oder didaktischen Zweck erfüllen, dann ist das Design schlecht.

Daher besteht der letzte Schritt zur Strukturierung unserer neuen Disziplin im Entwurf eines Designs. Wir müssen einen Kontext zur Verfügung stellen, in dem gute Designs entworfen werden, schlechte Designs korrigiert werden und das aktuelle Design von all denjenigen verstanden wird, die es verstehen müssen.

Wie Sie in den folgenden Kapiteln sehen werden, unterscheidet sich die Art und Weise, in der XP ein Design schafft, stark von anderen Verfahren der Softwareentwicklung. In XP gehört das Design beim Programmieren zum Alltagsgeschäft aller Programmierer. Aber ungeachtet der Strategie, die zur Erreichung eines Designs eingesetzt wird, ist der Schritt des Entwurfs eines Designs nicht optional. Das Design muss unbedingt berücksichtigt werden, damit die Softwareentwicklung effizient sein kann.

Schlussfolgerung

Sie programmieren, weil Sie nichts leisten, wenn Sie nicht programmieren. Sie testen, weil Sie sonst nicht wissen, wann Sie mit dem Programmieren fertig sind. Sie hören zu, weil Sie sonst nicht wissen, was Sie programmieren und testen sollen. Und Sie entwerfen ein Design, damit Sie unendlich lange programmieren, testen und zuhören können. So sieht es aus. Dies sind die Arbeiten, die wir strukturieren müssen:

- Programmieren
- Testen
- Zuhören
- Designentwurf

Teil 2

Die Lösung

Wir haben nun die Grundlage geschaffen. Wir wissen, welches Problem wir lösen müssen, nämlich zu entscheiden, wie die vier grundsätzlichen Arbeitsschritte der Softwareentwicklung – Programmieren, Testen, Zuhören und Entwerfen eines Designs – ausgeführt werden sollen. Wir haben eine Reihe von Werten und Prinzipien zur Hand, an denen wir uns bei der Auswahl von Strategien für diese Aktivitäten orientieren können. Und wir haben eine abgeflachte Kostenkurve im Ärmel, um die von uns gewählten Strategien zu vereinfachen.

10 Kurzer Überblick

Wir werden uns auf die Synergien zwischen einfachen Verfahren verlassen, Verfahren, die man vor Jahrzehnten häufig als unpraktikabel oder naiv eingeschätzt und aufgegeben hat.

Die Rohmaterialien unserer neuen Methode der Softwareentwicklung sind:

- die Geschichte von der Fahrstunde
- die vier Werte – Kommunikation, Einfachheit, Feedback und Mut
- die Prinzipien
- die vier grundlegenden Arbeitsschritte – Programmieren, Testen, Zuhören und Designentwurf

Unsere Aufgabe ist es nun, diese vier Arbeiten zu strukturieren. Wir müssen sie allerdings nicht nur strukturieren, sondern dabei auch die lange Liste der gelegentlich widersprüchlichen Prinzipien berücksichtigen. Gleichzeitig müssen wir versuchen, die wirtschaftliche Leistung der Softwareentwicklung so weit zu verbessern, dass man uns ernst nimmt.

Kein Problem.

Äh ...

Da dieses Buch erklären soll, wie dies funktionieren kann, erläutere ich jetzt kurz die Hauptverfahrensbereiche in XP. Im nächsten Kapitel werden wir sehen, wie solch lächerlich einfache Lösungen tatsächlich funktionieren können. Wenn ein Verfahren schwach ist, dann gleichen die Stärken der anderen Verfahren diese Schwäche aus. In späteren Kapiteln werden wir auf einige dieser Themen näher eingehen.

Zunächst folgt eine Aufstellung sämtlicher Verfahren:

- *Das Planungsspiel* – Legen Sie den Umfang der nächsten Version rasch fest, indem Sie Geschäftsprioritäten mit technischen Aufwandsschätzungen kombinieren. Wenn die Realität den Plan einholt, dann muss der Plan aktualisiert werden.
- *Kurze Releasezyklen* – Gehen Sie mit einem einfachen System schnell in Produktion und bringen Sie dann innerhalb sehr kurzer Zeit die nächste Version heraus.
- *Metapher* – Sämtliche Entwicklungen werden an einer einfachen gemeinsamen Metapher ausgerichtet, die die Funktionsweise des gesamten Systems veranschaulicht.

- *Einfaches Design* – Das System sollte zu jedem Zeitpunkt so einfach wie möglich strukturiert sein. Lösen Sie unnötig komplexe Strukturen auf, sobald Sie diese entdecken.
- *Testen* – Die Programmierer schreiben fortwährend Komponententests, die fehlerfrei ausgeführt werden müssen, damit die Entwicklung voranschreiten kann. Kunden schreiben Tests, um zu zeigen, dass Leistungsmerkmale fertig gestellt sind.
- *Refactoring* – Die Programmierer strukturieren das System neu, ohne sein Verhalten zu ändern, um Redundanzen zu entfernen, die Kommunikation zu verbessern, das System zu vereinfachen oder flexibler zu gestalten.
- *Programmieren in Paaren* – Der gesamte Produktionscode wird von zwei Programmierern geschrieben, die gemeinsam an einem Rechner sitzen.
- *Gemeinsame Verantwortlichkeit* – Jeder kann jederzeit beliebigen Code im System ändern.
- *Fortlaufende Integration (continuous integration)*- Das System wird mehrmals täglich integriert und erstellt und zwar immer dann, wenn eine Aufgabe erledigt worden ist.
- *40-Stunden-Woche* – Man arbeitet prinzipiell nicht mehr als 40 Stunden in der Woche. Überstunden werden nie länger als eine Woche geleistet.
- *Kunde vor Ort (on-site customer)* – Dem Team sollte ein echter, lebender Benutzer angehören, der während der gesamten Arbeitszeit zur Beantwortung von Fragen zur Verfügung steht.
- *Programmierstandards* – Programmierer schreiben sämtlichen Code entsprechend Regeln, die die Kommunikation mithilfe des Codes erleichtern.

In diesem Kapitel werden wir kurz zusammenfassen, was zur Ausübung der einzelnen Verfahren gehört. Im nächsten Kapitel mit dem Titel »Wie kann das funktionieren?« werden wir die Beziehungen zwischen diesen Verfahren untersuchen, die es ermöglichen, dass die Schwäche des einen Verfahrens durch die Stärken der anderen Verfahren aufgewogen werden können.

Das Planungsspiel

Weder geschäftliche noch technische Überlegungen sollten Vorrang haben. Die Softwareentwicklung ist ein fortwährender Dialog zwischen dem Möglichen und dem Erwünschten. Es liegt im Wesen dieses Dialogs, dass sich sowohl das ändert, was als möglich erachtet wird, als auch das, was als erwünscht erachtet wird.

Die Geschäftsseite muss über Folgendes entscheiden:

- Umfang – In welchem Umfang muss ein Problem gelöst werden, damit das System in der Produktion von Wert ist? Die Geschäftsseite weiß, wie viel nicht genug und wie viel zu viel ist.
- Priorität – Wenn Sie entweder A oder B zuerst haben können, welche Option wählen Sie dann? Die Geschäftsseite kann dies viel eher entscheiden als der Programmierer.
- Zusammensetzung von Versionen – Wie viel oder wie wenig muss getan werden, damit man von geschäftlicher Seite aus von der Software profitieren kann? Die intuitive Antwort der Programmierer auf diese Frage kann völlig falsch sein.
- Liefertermine – Welche wichtigen Termine gibt es, an denen die Präsentation der Software (oder Teile davon) sich entscheidend auf das Geschäft auswirken kann?

Die Geschäftsleute können diese Entscheidungen allerdings nicht in einem Vakuum treffen. Die Entwickler müssen die technischen Entscheidungen fällen, die das Rohmaterial für die geschäftlichen Entscheidungen liefern.

Die Entwickler entscheiden über Folgendes:

- Aufwandsschätzungen – Wie lange dauert es, ein bestimmtes Leistungsmerkmal zu implementieren?
- Konsequenzen – Es gibt strategische Geschäftsentscheidungen, die nur dann getroffen werden sollten, wenn man sich über die technischen Konsequenzen informiert hat. Die Wahl einer Datenbank ist ein gutes Beispiel hierfür. Die Geschäftsleute arbeiten vielleicht lieber mit einem großen Unternehmen als mit einer jungen Firma, aber eine um Faktor 2 höhere Produktivität mag es Wert sein, das zusätzliche Risiko oder die damit einhergehenden Unbequemlichkeiten auf sich zu nehmen. Vielleicht auch nicht. Die Entwicklung muss die Konsequenzen erklären.
- Prozess – Wie werden die Arbeit und das Team strukturiert? Das Team muss zu der Umgebung passen, in der es arbeitet, sollte aber gute Software schreiben, statt die Ungereimtheiten der Umgebung zu bewahren.
- Genaue Terminplanung – Welche Leistungsmerkmale sollten innerhalb einer Version zuerst implementiert werden? Die Programmierer müssen den Freiraum haben, die risikoreichsten Entwicklungssegmente zuerst einzuplanen, um das Gesamtrisiko des Projekts zu reduzieren. Auch unter dieser Vorausset-

zung müssen die Geschäftsprioritäten früh im Entwicklungsprozess beachtet werden, damit die Wahrscheinlichkeit verringert wird, dass wichtige Leistungsmerkmale am Ende der Entwicklung einer Version wegfallen müssen.

Kurze Releasezyklen

Jede Version sollte möglichst klein gehalten werden und gleichzeitig die wertvollsten Geschäftsanforderungen erfüllen. Die Version muss als Ganzes sinnvoll sein, d.h., man kann ein Leistungsmerkmal nicht halb implementieren und schon ausliefern, um den Entwicklungszeitraum zu verkürzen.

Es ist viel besser, jeweils nur ein oder zwei Monate im Voraus zu planen als sechs Monate oder ein Jahr. Eine Firma, die ihren Kunden eine umfangreiche Software liefert, kann diese Software möglicherweise nicht häufig durch neue Versionen aktualisieren. Trotzdem sollte auch in diesem Fall versucht werden, den Entwicklungszyklus zu verkürzen.

Metapher

Jedes XP-Softwareprojekt wird durch eine übergreifende Metapher geleitet. Diese Metapher ist gelegentlich »naiv«, wie ein Vertragsmanagementsystem, über das man in Form von Verträgen, Kunden und Unterzeichnungen spricht. Gelegentlich muss eine Metapher näher erläutert werden, wie z.B. die Aussagen, dass ein Computer als Arbeitsplatz dargestellt werden sollte oder dass die Rentenberechnung einer Tabellenkalkulation gleicht. Es handelt sich um Metaphern, da wir die Aussage nicht wörtlich, sondern im übertragenen Sinn verstehen. Die Metapher soll es allen Beteiligten lediglich erleichtern, die grundlegenden Bestandteile und deren Beziehungen zueinander zu verstehen.

Technische Komponenten sollten im Kontext der gewählten Metapher stimmig beschrieben werden. Die nähere Beschäftigung mit der Metapher kann das gesamte Team zu neuen Ideen anregen.

In XP ersetzt die Metapher einen Großteil dessen, was sonst häufig als »Architektur« bezeichnet wird. Die Vogelperspektive eines Systems Architektur zu nennen ist problematisch, insofern man bei diesem Ansatz nicht gezwungen wird, das System als in sich stimmige Einheit zu betrachten. Eine Architektur stellt lediglich die Grundkomponenten und deren Verbindungen zueinander dar.

Sie könnten jetzt einwenden, dass eine schlecht entworfene Architektur natürlich nichts taugt. Wir müssen uns auf das Ziel der Architektur konzentrieren, das darin besteht, allen Beteiligten ein schlüssiges Modell zur Verfügung zu stellen, mit dem sie arbeiten können und das sowohl für die Geschäftsleute als auch für die Techniker brauchbar ist. Wir fordern eine Metapher, da wir dann eher eine Architektur erhalten, die sich einfach vermitteln und ausarbeiten lässt.

Einfaches Design

Das zu jedem Zeitpunkt richtige Design für die Software zeichnet sich durch die folgenden Merkmale aus:

1. Es besteht alle Tests.
2. Es enthält keine Redundanzen. Hüten Sie sich vor versteckten Redundanzen wie parallelen Klassenhierarchien.
3. Es legt offen, was die Programmierer intendieren.
4. Es hat die geringste mögliche Anzahl von Klassen und Methoden.

Jeder Teil des Designs eines Systems muss sein Vorhandensein gemäß dieser Kriterien rechtfertigen können. Edward Tufte[1] beschreibt eine Übung für Grafiker: Entwerfen Sie eine beliebige Grafik. Radieren Sie dann alles weg, was keine Informationen enthält. Was übrig bleibt, ist das richtige Design für die Grafik. Einfaches Design funktioniert so: Entfernen Sie alle Designelemente, die Sie entfernen können, ohne Regel 1, 2 und 3 zu verletzen. Dieser Rat ist dem entgegengesetzt, was Sie sonst immer zu hören bekommen: »Für heute implementieren, für morgen entwerfen.« Wenn Sie glauben, dass zukünftige Belange unsicher sind und dass Sie Ihre Meinung ändern können, ohne immense Kosten zu verursachen, dann wäre es verrückt, Funktionen zu implementieren, die auf Spekulationen beruhen. Implementieren Sie das, was Sie brauchen, genau in dem Moment, in dem Sie es brauchen.

Testen

Eine Programmeigenschaft, für die es keinen automatisierten Test gibt, existiert einfach nicht. Programmierer schreiben Komponententests, damit ihr Vertrauen in die Funktionstüchtigkeit des Programms Teil des Programms selbst werden kann. Kunden schreiben Funktionstests, damit ihr Vertrauen in die Funktionstüchtigkeit des Programms zu einem Teil des Programms werden kann. Ergebnis ist ein Programm, das mit der Zeit immer vertrauenswürdiger wird – und immer mehr (statt weniger) fähig wird, Änderungen anzunehmen.

1. Edward Tufte, *The Visual Display of Quantative Information*, Graphics Press, 1992

Sie müssen nicht für jede Methode, die Sie programmieren, einen Test schreiben, sondern nur für Produktionsmethoden, die möglicherweise nicht funktionieren könnten. Gelegentlich möchten Sie einfach herausfinden, ob etwas möglich ist. Sie untersuchen dies eine halbe Stunde lang. Ja, stellen Sie fest, es ist möglich. Dann werfen Sie Ihren Code weg und beginnen erneut mit dem Schreiben von Tests.

Refactoring

Beim Implementieren einer Programmfunktion fragen die Programmierer immer, ob es eine Möglichkeit gibt, das vorhandene Programm zu ändern, um das Hinzufügen der Funktion zu vereinfachen. Nachdem sie die Funktion hinzugefügt haben, fragen die Programmierer, ob es nun Möglichkeiten gibt, das Programm zu vereinfachen und gleichzeitig alle Tests auszuführen. Dieser Vorgang wird Refactoring genannt.

Dies bedeutet, dass Sie manchmal mehr als das absolut Notwendige tun müssen, um ein Leistungsmerkmal zum Laufen zu bringen. Durch diese Vorgehensweise lässt sich jedoch sicherstellen, dass Sie die weiteren Leistungsmerkmale mit annehmbarem Aufwand hinzufügen können. Das Refactoring basiert allerdings nicht auf Spekulation, sondern geschieht dann, wenn das System es erfordert. Wenn das System Sie dazu zwingt, Code zu duplizieren, dann ist ein Refactoring erforderlich.

Wenn ein Programmierer eine unschöne Möglichkeit sieht, einen Test innerhalb einer Minute zum Laufen zu bringen, und eine andere Möglichkeit, die zehn Minuten erfordert und den Test durch ein einfacheres Design zum Laufen bringt, dann ist es richtig, die zehn Minuten aufzubringen. Glücklicherweise kann man sogar radikale Änderungen am Design eines Systems in kleinen, wenig riskanten Schritten durchführen.

Programmieren in Paaren

Der gesamte Produktionscode wird von jeweils zwei Leuten geschrieben, die mit einer Tastatur und einer Maus an einem Rechner arbeiten.

Die beiden nehmen dabei zwei verschiedene Rollen ein. Ein Partner, derjenige mit der Tastatur und der Maus, denkt darüber nach, wie sich eine Methode hier und jetzt am besten implementieren lässt. Der andere Partner denkt strategischer:

- Kann der gesamte Ansatz funktionieren?
- Welche anderen Testfälle gibt es, die möglicherweise noch nicht funktionieren?
- Gibt es eine Möglichkeit, das gesamte System so weit zu vereinfachen, dass sich das aktuelle Problem wie von selbst löst?

Paare sind veränderlich. Daher ist es durchaus möglich, dass zwei Personen, die sich morgens zusammentun, am Nachmittag mit anderen Partnern arbeiten. Wenn Sie für eine Aufgabe in einem Bereich verantwortlich sind, der Ihnen nicht vertraut ist, dann können Sie jemanden, der Erfahrung im betreffenden Bereich hat, fragen, ob er Ihr Partner werden möchte. Häufiger ist es aber so, dass sich jedes Teammitglied als Partner eignet.

Gemeinsame Verantwortlichkeit

Von jedem, der eine Möglichkeit sieht, irgendeinem Teil des Codes etwas Sinnvolles hinzuzufügen, wird erwartet, dass er dies jederzeit tut.

Stellen Sie dies den beiden anderen Modellen von Verantwortlichkeit für den Code gegenüber: keine Verantwortlichkeit und individuelle Verantwortlichkeit. Früher war niemand für ein bestimmtes Codesegment verantwortlich. Wenn jemand irgendetwas am Code ändern wollte, dann tat er dies, um den eigenen Zwecken zu genügen, ungeachtet dessen, ob sich dies mit dem bereits vorhandenen Code vertrug oder nicht. Dies führte zu Chaos, insbesondere wenn Objekte involviert waren, bei denen sich nicht so einfach statisch bestimmen lässt, wie eine Codezeile in einem Teil des Codes mit einer Codezeile in einem anderen Teil des Codes zusammenhängt. Der Code wuchs rasch an, wurde aber genauso schnell instabil.

Um das unter Kontrolle zu bekommen, führte man die individuelle Verantwortlichkeit ein. Derjenige, der ein bestimmtes Codesegment ändern konnte, war dafür auch offiziell verantwortlich. Wenn ein anderer der Meinung war, dass Code geändert werden sollte, dann musste er diese Änderung von dem für den Code Verantwortlichen anfordern. Folge dieses strikten Modells ist, dass der Code den Kenntnisstand des Teams nicht widerspiegelt, da man den für den Code Verantwortlichen nicht gerne stört. Man braucht die Änderung schließlich sofort und nicht später. Der Code bleibt daher stabil und entwickelt sich nicht so schnell weiter, wie dies wünschenswert wäre. Dann verlässt der für den Code Verantwortliche die Firma ...

In XP übernimmt jeder Verantwortung für das gesamte System. Nicht jeder kennt jeden Teil des Systems gleichermaßen gut, obwohl jeder etwas über jeden Teil weiß. Wenn ein Programmiererpaar bei der Arbeit ist und eine Möglichkeit sieht, den Code zu verbessern, dann führt es diese Verbesserung durch, wenn dadurch die Arbeit erleichtert wird.

Fortlaufende Integration

Der Code wird nach einigen Stunden integriert und getestet – zumindest nach einem Tag Entwicklungsarbeit. Eine einfache Möglichkeit, dies durchzuführen, besteht darin, einen eigenen Integrationsrechner bereitzustellen. Wenn dieser Rechner frei ist, setzt sich das Programmiererpaar, dessen Code integriert werden soll, dorthin, lädt die aktuelle Version und dann seine Änderungen (wobei es den Code nach Konflikten überprüft und diese ggf. behebt) und anschließend führt es so lange Tests aus, bis diese völlig (100%) fehlerfrei ablaufen.

Jeweils einen Satz von Änderungen zu integrieren funktioniert gut, da es dann offensichtlich ist, wer einen fehlgeschlagenen Test korrigieren muss – schließlich hat das letzte Programmiererpaar die Tests voll funktionsfähig hinterlassen. Wenn wir die Tests nicht völlig (100%) fehlerfrei ausführen können, dann sollten wir das, was wir programmiert haben, wegwerfen und von vorn beginnen, da wir offensichtlich nicht genug wussten, um dieses Leistungsmerkmal programmieren zu können (aber wir wissen jetzt wahrscheinlich genug).

40-Stunden-Woche

Ich möchte jeden Tag frisch und tatkräftig beginnen und müde und zufrieden beschließen. Am Freitag möchte ich so müde und zufrieden sein, dass ich mich darauf freue, zwei Tage mit etwas anderem als Arbeit zu verbringen. Am Montag möchte ich dann voller Begeisterung und neuer Ideen wieder ins Büro kommen.

Ob sich diese Vorstellung in eine Arbeitswoche von genau 40 Stunden übersetzen lässt, ist nicht so wahnsinnig wichtig. Jeder hat eine andere Belastungsgrenze. Einer mag 35 Stunden konzentriert arbeiten können und ein anderer 45. Niemand kann jedoch über viele Wochen hinweg 60 Stunden in der Woche arbeiten und dann immer noch frisch, kreativ, sorgfältig und voller Selbstvertrauen sein. Arbeiten Sie nicht so.

Überstunden sind ein Symptom für ein ernstes Problem im Projekt. Die XP-Regel ist einfach: Man darf nicht zwei Wochen hintereinander Überstunden machen. Überstunden innerhalb einer Woche sind akzeptabel. Wenn Sie dann am nächsten Montag zur Arbeit kommen und sagen: »Um unser Ziel zu erreichen, müssen wir heute wieder länger arbeiten«, dann liegt bereits ein Problem vor, das sich nicht durch Überstunden lösen lässt.

Ein damit verwandtes Thema ist der Urlaub. Europäer nehmen häufig zwei, drei oder gar vier Wochen Urlaub am Stück. Amerikaner nehmen selten mehr als einige Tage Urlaub. Wenn es meine Firma wäre, dann würde ich darauf bestehen, dass jeder einen zweiwöchigen Urlaub pro Jahr nimmt und mindestens noch ein oder zwei weitere Wochen Urlaub für kürzere Pausen zur Verfügung hat.

Kunde vor Ort

Ein echter Kunde muss mit dem Team zusammenarbeiten und verfügbar sein, um Fragen zu beantworten, Streitpunkte zu klären und Prioritäten zu setzen. Mit »echter Kunde« meine ich denjenigen, der das System tatsächlich verwenden wird, nachdem es in Betrieb genommen wurde. Wenn Sie an einem Kundendienstsystem arbeiten, dann ist der Kunde ein Kundendienstmitarbeiter. Arbeiten Sie an einem System zum Verkauf von Investmentfonds, dann ist der Kunde ein Fondsmakler.

Ein gewichtiger Einwand gegen diese Regel ist, dass echte Benutzer des in Entwicklung befindlichen Systems zu teuer sind, um sie dem Team zur Verfügung zu stellen. Manager müssen in diesem Fall entscheiden, was mehr wert ist – eine Software, die schneller fertig gestellt wird und besser arbeitet, oder die Arbeit von ein oder zwei Leuten. Falls das Unternehmen von der Software nicht mehr profitiert als von der Arbeitskraft eines Mitarbeiters, dann sollte dieses System vielleicht gar nicht produziert werden.

Es ist ja auch nicht so, dass der dem Team zur Verfügung stehende Kunde sonst keine Arbeit erledigen könnte. Sogar Programmierer sind nicht in der Lage, jede Woche 40 Stunden lang Fragen zu stellen. Der Kunde vor Ort ist zwar physisch von den anderen Kunden getrennt, wird aber wahrscheinlich genügend Zeit haben, seiner üblichen Arbeit nachzugehen.

Der Nachteil eines Kunden vor Ort besteht in der Möglichkeit, dass der Kunde den Programmierern hunderte von Stunden hilft und das Projekt dann eingestellt wird. In diesem Fall geht die Arbeit verloren, die der Kunde vor Ort geleistet hat, und man hat auch die Arbeitszeit verloren, die der Kunde anderweitig hätte zubringen können, wenn er nicht an einem gescheiterten Projekt mitgearbeitet hätte. XP setzt alles daran, damit ein Projekt nicht scheitert.

Ich habe an einem Projekt mitgearbeitet, in dem man uns widerwillig einen Kunden zur Verfügung stellte, allerdings »nur für kurze Zeit«. Nachdem das System erfolgreich ausgeliefert wurde und offensichtlich in der Lage war, sich weiterzuentwickeln, gaben uns die Manager von der Seite der Kunden drei echte Kunden. Die Firma hätte mit etwas höherem Einsatz weit mehr von dem System profitieren können.

Programmierstandards

Wenn man eine Menge Programmierer hat, die von diesem Teil des Systems zu einem anderen Teil wechseln, die mehrmals täglich mit anderen Partnern arbeiten und den Code anderer Programmierer ständig überarbeiten, dann kann man es sich einfach nicht leisten, mit unterschiedlichen Programmierstilen zu arbeiten. Man sollte nach einer gewissen Einarbeitungszeit nicht mehr feststellen können, welches Teammitglied welchen Code geschrieben hat.

Der Standard sollte gemäß der Regel »einmal und nur einmal« (kein redundanter Code) die geringste Menge an Programmieraufwand fordern. Der Standard sollte die Kommunikation fördern. Der Standard muss vom gesamten Team freiwillig eingehalten werden.

11 Wie kann das funktionieren?

Die Verfahren unterstützen einander gegenseitig. Die Schwäche eines Verfahrens wird durch die Stärken der anderen ausgeglichen.

Moment mal. Keine der zuvor beschriebenen Verfahren ist einmalig oder noch nie da gewesen. Diese Verfahren sind alle schon so lange in Verwendung, wie es Programme zu schreiben gibt. Die meisten dieser Verfahren wurden zu Gunsten komplizierterer, aufwändigerer Verfahren aufgegeben, als ihre Schwächen offenbar wurden. Ist XP dann nicht ein simplifizierender Ansatz der Softwareentwicklung? Bevor wir fortfahren, wollen wir uns davon überzeugen, dass uns diese einfachen Verfahren nicht schaden, so wie sie Softwareprojekte vor einigen Jahrzehnten geschadet haben.

Da die exponentielle Kurve der Änderungskosten hinfällig geworden ist, kommen all diese Verfahren wieder ins Spiel. Jedes dieser Verfahren weist immer noch die gleichen Schwächen wie früher auf- aber was passiert, wenn diese Schwächen jetzt durch die Stärken der anderen Verfahren ausgeglichen werden? Wir können dann damit durchkommen, mit einfachen Verfahren zu arbeiten.

Dieses Kapitel stellt die Verfahren aus einer anderen Perspektive dar, indem wir uns darauf konzentrieren, wodurch ein Verfahren für gewöhnlich unhaltbar wird, und zeigen, wie die anderen Verfahren dafür sorgen, dass die nachteiligen Effekte anderer Verfahren im Projekt nicht überhand nehmen. Dieses Kapitel zeigt zudem, wie die ganze XP-Geschichte möglicherweise funktionieren kann.

Das Planungsspiel

Man kann unmöglich mit der Entwicklung beginnen, wenn man nur einen groben Plan hat. Man kann den Plan nicht fortwährend aktualisieren; das würde zu lange dauern und die Kunden verärgern. Es sei denn:

- Die Kunden aktualisieren den Plan selbst anhand der Aufwandsschätzungen der Programmierer.
- Sie haben anfangs einen Plan, der ausreicht, um den Kunden einen groben Eindruck davon zu vermitteln, was über die nächsten Jahre hinweg möglich ist.
- Sie arbeiten mit kurzen Releasezyklen, sodass sich im Plan vorhandene Fehler höchstens einige Wochen oder Monate lang auswirken können.
- Ihr Kunde ist Teil des Teams, damit er rasch potenzielle Veränderungen und Verbesserungsmöglichkeiten erkennen kann.

Unter diesen Umständen könnte man die Entwicklung mit einem einfachen Plan beginnen und diesen Plan im weiteren Verlauf fortwährend weiter ausarbeiten.

Kurze Releasezyklen

Man kann unmöglich nach einigen wenigen Monaten in die Produktion gehen. Man kann sicherlich keine neuen Systemversionen in Zyklen erstellen, die von ein paar Tagen bis zu einigen Monaten reichen. Es sei denn:

- Das Planungsspiel ermöglicht es Ihnen, an den wertvollsten Leistungsmerkmalen zu arbeiten, sodass sogar ein kleines System Gewinn bringend für das Unternehmen ist.
- Sie integrieren fortlaufend, sodass die Kosten für die Herausgabe einer Version minimal sind.
- Tests verringern die Fehlerrate in einem Maße, dass die Software keine lange Testphase durchlaufen muss, bevor man sie freigeben kann.
- Sie finden ein einfaches Design, das für diese Version ausreichend ist, aber nicht für alle Zeiten.

Unter diesen Umständen könnte man kleine Releases erstellen und nach kürzerer Entwicklungszeit liefern.

Metapher

Man kann die Entwicklung unmöglich beginnen, wenn man nur eine Metapher hat. Eine Metapher ist nicht detailliert genug und kann zudem falsch sein. Es sei denn:

- Man erhält durch realen Code und Tests ein unmittelbares Feedback darüber, ob die Metapher funktioniert.
- Der Kunde ist damit einverstanden, unter Verwendung einer Metapher über das System zu reden.
- Man setzt Refactoring ein, um sein Verständnis davon, was die Metapher in der Praxis bedeutet, fortlaufend zu verbessern.

Unter diesen Umständen könnte man die Entwicklung beginnen, auch wenn man nur eine Metapher hat.

Einfaches Design

Das Design darf für den heutigen Code nicht gerade mal ausreichen. Man würde sich mit dem Design in eine Sackgasse manövrieren und wäre dann nicht mehr in der Lage, das System weiterzuentwickeln. Es sei denn:

- Refactoring gehört zur täglichen Praxis, sodass man sich nicht davor scheut, Änderungen vorzunehmen.
- Man hat eine klare allgemeine Metapher, sodass man sicher sein kann, dass künftige Designänderungen einem konvergenten Pfad folgen.
- Man programmiert mit einem Partner, sodass man darauf vertrauen kann, ein einfaches Design und kein dummes Design zu entwerfen.

Unter diesen Umständen könnte man es sich leisten, ein möglichst gutes Design für heute zu entwerfen.

Testen

Man kann unmöglich alle diese Tests schreiben. Es würde zu lange dauern. Programmierer schreiben keine Tests. Es sei denn:

- Das Design ist so einfach wie möglich gehalten, sodass das Schreiben von Tests nicht schwierig ist.
- Man programmiert mit einem Partner, sodass der Partner weitermachen kann, wenn einem keine Tests mehr einfallen. Und wenn der Partner keine Tests mehr schreiben will, kann man die Tastatur übernehmen und selbst weitermachen.
- Man ist zufrieden, wenn alle Tests funktionieren.
- Der Kunde ist mit dem System zufrieden, wenn er sieht, dass alle Tests funktionieren.

Unter diesen Umständen könnten Programmierer und Kunden Tests schreiben. Nebenbei bemerkt: Wenn Sie keine automatisierten Tests schreiben, funktioniert der Rest von XP nicht annähernd so gut.

Refactoring

Man kann unmöglich das Design eines Systems fortwährend überarbeiten. Das würde zu lange dauern, wäre zu schwer zu kontrollieren und würde höchstwahrscheinlich das System lahm legen. Es sei denn:

- Man ist daran gewöhnt, gemeinsame Verantwortlichkeit (engl. collective ownership) zu übernehmen, sodass es einem nichts ausmacht, dann Änderungen vorzunehmen, wenn sie erforderlich sind.
- Man verfügt über Programmierstandards, sodass man vor dem Refactoring den Code nicht umformatieren muss.
- Man programmiert in Paaren, sodass man wahrscheinlich eher den Mut hat, eine schwierige Refactoring-Aufgabe anzugehen, und weniger wahrscheinlich Schaden anrichtet.
- Man hat Tests, sodass es weniger wahrscheinlich ist, dass man etwas beschädigt, ohne es zu merken.
- Man hat ein einfaches Design, sodass das Refactoring einfacher durchzuführen ist.
- Man integriert das System fortwährend, sodass man innerhalb weniger Stunden weiß, ob man versehentlich etwas an einem anderen Teil der Software beschädigt hat oder ob das eigene Refactoring im Widerspruch zur Arbeit eines anderen Programmierers steht.
- Man ist ausgeruht, sodass man mutiger ist und weniger wahrscheinlich Fehler macht.

Unter diesen Umständen könnte man das System immer dann überarbeiten, wenn man eine Möglichkeit sieht, das System zu vereinfachen, Redundanzen zu entfernen oder klarer zu kommunizieren.

Programmieren in Paaren

Man kann unmöglich den gesamten Produktionscode paarweise schreiben. Das dauert zu lange. Und was passiert, wenn zwei Programmierer sich einfach nicht verstehen? Es sei denn:

- Die Programmierstandards reduzieren Reibereien.
- Jeder ist frisch und ausgeruht, wodurch sich die Wahrscheinlichkeit verringert, dass es zu unfruchtbaren Diskussionen kommt.
- Die Paare schreiben gemeinsam Tests, was den einzelnen Programmierern die Möglichkeit gibt, ihr Verständnis mit dem anderer Programmierer abzustimmen, bevor sie mit der Implementierung beginnen.

- Die Paare können ihre Entscheidungen bezüglich der Benennung und des grundlegenden Designs an der Metapher ausrichten.
- Die Paare arbeiten mit einem einfachen Design, sodass beide Programmierer wissen, was vor sich geht.

Unter diesen Umständen könnte man den gesamten Produktionscode von Paaren schreiben lassen. Nebenbei bemerkt: Wenn man allein programmiert, macht man eher Fehler, entscheidet man sich eher für ein zu kompliziertes Design und ist eher geneigt, die anderen Verfahren nicht zu beachten, insbesondere wenn man unter Druck steht.

Gemeinsame Verantwortlichkeit

Man kann unmöglich zulassen, dass potenziell jeder jeden beliebigen Teil des Systems ändern kann. Dies würde dazu führen, dass ständig etwas beschädigt wird und dass die Kosten für die Integration drastisch ansteigen. Es sei denn:

- Man integriert in so kurzen Zeitintervallen, dass das Risiko von Konflikten dadurch gemindert wird.
- Man schreibt Tests und führt diese durch, sodass das Risiko, versehentlich etwas zu beschädigen, geringer wird.
- Man programmiert paarweise, sodass es weniger wahrscheinlich ist, dass ein Programmierer den Code beschädigt, und die Programmierer schneller lernen können, was sich nutzbringend ändern lässt.
- Man hält Programmierstandards ein, sodass man sich nicht in Kleinkriege über Programmierkonventionen verstrickt.

Unter diesen Umständen könnte man zulassen, dass jeder jeden beliebigen Teil des Systems ändern kann, wenn er eine Möglichkeit sieht, das System zu verbessern. Nebenbei bemerkt: Das Design wird sehr viel langsamer weiterentwickelt, wenn die Programmierer nicht gemeinsam verantwortlich sind.

Fortlaufende Integration

Man kann unmöglich nach einigen Stunden Arbeit das System bereits integrieren. Die Integration dauert viel zu lange und es gibt zu viele Konflikte und Möglichkeiten, versehentlich etwas zu beschädigen. Es sei denn:

- Man kann rasch Tests ausführen, sodass man sicher sein kann, nichts beschädigt zu haben.
- Man programmiert paarweise, sodass nur halb so viele verschiedene Änderungsstränge integriert werden müssen.
- Man nutzt das Refactoring, sodass es mehr kleinere Komponenten gibt und die Wahrscheinlichkeit von Konflikten verringert wird.

Unter diesen Umständen könnte man nach einigen wenigen Stunden integrieren. Nebenbei bemerkt: Wenn man nicht rasch integriert, dann wächst die Wahrscheinlichkeit potenzieller Konflikte und die Kosten für die Integration steigen stark an.

40-Stunden-Woche

Man kann unmöglich eine 40-Stunden-Woche einhalten. Man kann in 40 Stunden nicht profitabel genug arbeiten. Es sei denn:

- Das Planungsspiel zeigt, wie man profitablere Arbeit leisten kann.
- Die Kombination von Planungsspiel und Testen reduziert die Häufigkeit, mit der sich unangenehme Überraschungen einstellen, die Ihnen mehr Arbeit bescheren, als Ihnen lieb ist.
- Die Verfahren helfen, mit optimaler Geschwindigkeit zu programmieren, sodass man gar nicht schneller arbeiten kann.

Unter diesen Umständen könnte man in 40-Stunden-Wochen profitabel genug arbeiten. Nebenbei bemerkt: Wenn das Team nicht frisch und energiegeladen bleibt, dann kann es die übrigen Verfahren nicht anwenden.

Kunde vor Ort

Man kann unmöglich einen echten Kunden in das Team aufnehmen, der die ganze Zeit zugegen ist. Der Kunde kann an anderer Stelle viel nutzbringender für das Unternehmen eingesetzt werden. Es sei denn:

- Der Kunde kann einen wertvollen Beitrag zum Projekt leisten, indem er Funktionstests schreibt.
- Der Kunde kann für das Projekt von Nutzen sein, indem er für die Programmierer in kleinem Rahmen Entscheidungen über Prioritäten und Umfang fällt.

Unter diesen Umständen könnte der Kunde als Teammitglied nutzbringender für die Firma sein. Nebenbei bemerkt: Wenn in dem Team kein Kunden ist, muss es zusätzliche Risiken eingehen, insofern es langfristiger plant und programmiert, ohne genau zu wissen, welche Tests bestanden werden müssen und welche Tests ignoriert werden können.

Programmierstandards

Man kann unmöglich vom Team fordern, nach einem gemeinsamen Standard zu programmieren. Programmierer sind eingefleischte Individualisten und würden eher kündigen, als ihre geschweiften Klammern an einer anderen Stelle einzufügen. Es sei denn:

- XP macht es wahrscheinlicher, dass die Programmierer Teil eines erfolgreichen Teams sind.

Unter diesen Umständen sind die Programmierer vielleicht bereit, ihren Stil etwas anzupassen. Nebenbei bemerkt: Hält man sich nicht an Programmierstandards, dann wird das Programmieren in Paaren und das Refactoring durch die unterschiedlichen Programmierstile merklich verlangsamt.

Schlussfolgerung

Jedes der oben genannten Verfahren funktioniert für sich allein genommen nicht besonders gut (das Testen bildet hier möglicherweise eine Ausnahme). Diese Verfahren erfordern andere Verfahren, die sie in der Balance halten. Abbildung 11.1 zeigt ein Diagramm, das die Verfahren zusammenfasst. Wenn zwei Verfahren durch eine Linie miteinander verbunden sind, dann heißt dies, dass sie sich gegenseitig verstärken. Ich wollte diese Abbildung nicht an den Anfang des Kapitels stellen, da XP darin kompliziert erscheint. Die einzelnen Teile sind einfach. Der Gehalt ergibt sich aus der Interaktion der Teile.

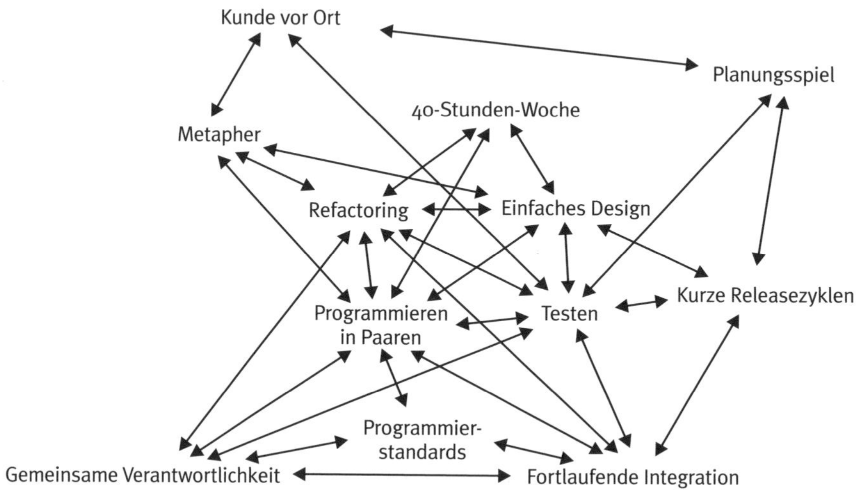

Abbildung 11.1 Die Verfahren stützen sich gegenseitig.

12 Managementstrategie

Wir werden das gesamte Projekt nach den Grundregeln der Geschäftsführung verwalten – in Phasen gestaffelte Auslieferung, schnelle und konkrete Rückmeldung, klare Artikulation der geschäftlichen Anforderungen an das System und Spezialisten für spezielle Aufgaben.

Das Managementdilemma: Einerseits möchte man, dass der Manager sämtliche Entscheidungen fällt. Es gibt keine unnötige Kommunikation, da man es nur mit einer Person zu tun hat. Es gibt eine Person, die gegenüber dem höheren Management verantwortlich ist. Es gibt eine Person, die die Vision verfolgt. Niemand sonst muss darüber informiert sein, da sämtliche Entscheidungen von einer Person getroffen werden.

Wir wissen, dass diese Strategie nicht funktioniert, da kein Einzelner genug wissen kann, um in jeder Hinsicht die richtigen Entscheidungen fällen zu können. Managementstrategien, die auf eine zentrale Kontrolle abzielen, sind zudem schwierig umzusetzen, da sie aufseiten derjenigen, die verwaltet werden, eine Menge Zusatzaufwand fordern.

Andererseits funktioniert auch die umgekehrte Strategie nicht. Man kann nicht einfach jeden schalten und walten lassen, ohne einen Überblick zu haben. Es ist unvermeidlich, dass an Reibungspunkten Konflikte entstehen. Jemand muss das Projekt aus einer übergeordneten Perspektive betrachten und das Projekt beeinflussen können, wenn es vom Kurs abkommt.

Wir kommen hier wieder auf die Prinzipien zurück, die uns dabei helfen können, einen Weg zwischen diesen beiden Extremen zu finden:

- Verantwortung übernehmen – legt nahe, dass es in der Verantwortung der Manager liegt aufzuzeigen, was zu tun ist, statt Aufgaben zu verteilen.
- Qualitätsarbeit – legt nahe, dass die Beziehung zwischen Managern und Programmierern auf Vertrauen basieren muss, da die Programmierer gute Arbeit leisten wollen. Andererseits heißt dies nicht, dass die Manager nichts zu tun haben. Allerdings besteht ein großer Unterschied zwischen »Ich versuche, diese Leute dazu zu bringen, gute Arbeit zu leisten« und »Meine Aufgabe ist es, den Leuten zu helfen, noch bessere Arbeit leisten zu können.«
- Inkrementelle Veränderungen – legen nahe, dass der Manager das gesamte Projekt lenkend begleitet, statt zu Beginn einfach ein umfangreiches Verfahrenshandbuch auszuteilen.

- An örtliche Gegebenheiten anpassen – legt nahe, dass dem Manager eine führende Rolle darin zukommt, XP an die örtlichen Gegebenheiten anzupassen und herauszufinden, ob die XP-Kultur sich mit der Firmenkultur verträgt, und schließlich eine Möglichkeit zu suchen, etwaige Konflikte zu lösen.
- Mit leichtem Gepäck reisen – legt nahe, dass der Manager wenig Zusatzaufwand verursacht, wie lange Meetings mit allen Beteiligten, lange Statusberichte. Was immer der Manager von den Programmierern fordert, sollte nicht allzu viel Zeit erfordern.
- Ehrliches Messen – legen nahe, dass der Manager Messwerte sammelt, die einen realistischen Genauigkeitsgrad haben. Man versucht nicht, jede Sekunde zu rechtfertigen, wenn die Uhr nur einen Minutenzeiger, aber keinen Sekundenzeiger hat.

Die Strategie, die sich aus dieser Bewertung ergibt, ähnelt eher einer dezentralisierten Entscheidungsfindung als einer zentralisierten Kontrolle. Aufgabe des Managers ist es, das Planungsspiel zu leiten, Messdaten zu sammeln, sicherzustellen, dass diejenigen die Messdaten zu Gesicht bekommen, deren Arbeit gemessen wird, und gelegentlich in Situationen zu intervenieren, die sich nicht auf dezentralisierte Weise lösen lassen.

Messdaten

Messdaten sind das grundlegende XP-Managementtool. Das Verhältnis zwischen geschätzter Entwicklungszeit und Kalenderzeit ist das Grundmaß für die Durchführung des Planungsspiels. Das Team kann damit die Projektgeschwindigkeit festlegen. Wird das Verhältnis größer (weniger Kalenderzeit für einen gegebenen geschätzten Entwicklungsaufwand), dann kann dies bedeuten, dass der Teamprozess gut funktioniert. Es kann aber auch bedeuten, dass das Team nicht genügend tut (wie z.B. Refactoring und paarweises Arbeiten), außer Anforderungen zu erfüllen, und dass dies auf lange Sicht gesehen auf Kosten des Projekts geht.

Das Medium für die Messdaten ist eine große, für alle sichtbare Schautafel. Statt jedem eine E-Mail-Nachricht zu senden, aktualisiert der Manager diese Schautafel regelmäßig (mindestens einmal wöchentlich). Häufig genügt das schon. Sie haben den Eindruck, es werden nicht genügend Tests geschrieben? Zeichnen Sie ein Diagramm mit der Anzahl der Tests und aktualisieren Sie es täglich.

Arbeiten Sie nicht mit allzu vielen Messdaten und seien Sie bereit, Messdaten auszurangieren, die ihren Zweck erfüllt haben. Ein Team kann in der Regel nicht mehr als drei bis vier Maße gleichzeitig verkraften.

Messdaten werden mit der Zeit schal. Insbesondere Messdaten, die sich 100% nähern, sind wahrscheinlich wenig nützlich. Dieser Ratschlag trifft nicht auf die Trefferquote der Komponententests zu, die 100% sein muss, aber diese Trefferquote ist eigentlich eher eine Voraussetzung als ein Maß. Sie können sich auch nicht darauf verlassen, dass eine Trefferquote von 97% bei den Funktionstest bedeutet, dass nur noch 3% der Arbeit vor Ihnen liegt. Wenn sich ein Maß 100% nähert, dann ersetzen Sie es durch ein anderes, das sich noch im einstelligen Bereich befindet.

Das soll nicht heißen, dass Sie ein XP-Projekt anhand von Zahlen verwalten können. Die Zahlen stellen eine Möglichkeit dar, sanft und unaufdringlich die Notwendigkeit von Veränderungen mitzuteilen. Das empfindlichste Barometer des XP-Managers für die Notwendigkeit von Änderungen besteht darin, sich der eigenen Gefühle bewusst zu sein. Wenn Sie morgens mit flauem Magen zur Arbeit fahren, dann stimmt etwas nicht mit Ihrem Projekt und es ist Ihre Aufgabe, eine Änderung herbeizuführen.

Coaching

Was sich die meisten Leute unter Management vorstellen, ist in XP auf zwei Rollen aufgeteilt: der des Coachs und des Terminmanagers (diese Rollen können auch von einer Person übernommen werden). Der Coach ist primär mit der technischen Ausführung (und Weiterentwicklung) des Prozesses beschäftigt. Der ideale Coach kann gut kommunizieren, ist nicht leicht aus der Ruhe zu bringen, verfügt über technische Kenntnisse (obwohl dies kein absolutes Muss ist) und ist zuversichtlich. Man wird häufig denjenigen als Coach einsetzen, der in anderen Teams die Rolle des leitenden Programmierers oder Systemarchitekten einnehmen würde. Die Rolle des Coachs in XP unterscheidet sich von diesen jedoch stark.

Die Ausdrücke »leitender Programmierer« oder »Systemarchitekt« beschwören Bilder von einsamen Genies herauf, die wichtige Entscheidungen im Projekt fällen. Der Coach ist genau das Gegenteil. Man bemisst einen Coach daran, ob er wenige technische Entscheidungen trifft: Aufgabe des Coachs ist es, alle anderen dazu zu bringen, die richtigen Entscheidungen zu treffen.

Der Coach übernimmt nicht für viele Entwicklungsaufgaben die Verantwortung. Sein Aufgabenbereich lässt sich dagegen wie folgt beschreiben:

- Er muss als Entwicklungspartner verfügbar sein, insbesondere für neue Programmierer, die erste Verantwortung übernehmen, oder für besonders schwierige technische Aufgaben.
- Er muss langfristige Refactoring-Ziele erkennen und Refactoring in kleinem Umfang fördern, um diese Ziele teilweise zu erreichen.

- Er muss Programmierern mit einzelnen technischen Kenntnissen helfen, wie Testen, Formatieren und Refactoring.
- Er muss den Prozess dem Management erklären.

Aber die wichtigste Aufgabe des Coachs besteht wahrscheinlich in der Besorgung von Spielsachen und Essen. XP-Projekte ziehen anscheinend Spielsachen an. Meistens wird es sich dabei um die Dinge handeln, die von querdenkenden Beratern allerorts empfohlen werden. Gelegentlich erhält der Coach jedoch die Gelegenheit, durch den Kauf des richtigen Spielzeugs die Entwicklung nachhaltig zu beeinflussen, und eine der größten Aufgaben des Coachs besteht darin, diese Möglichkeit zu erkennen und zu nutzen. In dem Chrysler-C3-Projekt blieben die Designsitzungen beispielsweise immer stundenlang ohne konkretes Ergebnis. Daher kaufte ich eine gewöhnliche Küchenuhr und ordnete an, dass kein Meeting länger als zehn Minuten dauern dürfte. Ich glaube nicht, dass die Küchenuhr jemals wirklich zum Einsatz kam, aber ihre pure Präsenz erinnerte jeden daran, darauf zu achten, wann eine Diskussion unfruchtbar geworden war und nur dazu diente, möglichst den Moment herauszuzögern, an dem man aufstehen und programmieren musste, um eine gesicherte Antwort zu erhalten.

Essen ist ein weiteres Kennzeichen von XP-Projekten. Brot mit jemandem zu brechen hat eine besondere Wirkung. Man führt eine völlig andere Diskussion, wenn man gleichzeitig kaut. Daher liegt in XP-Projekten immer etwas zum Essen herum. (Ich empfehle besonders Frigor Noir Schokoriegel, wenn Sie sie irgendwo auftreiben können, obwohl einige Projekte anscheinend mit Lakritz überdauern können. Sie können gerne Ihre eigene Speisekarte entwerfen.)

Rob Mee schreibt:

Sie wissen, diese Testreihen sind recht heimtückisch. In meinem Team haben wir uns mit Essen und Getränken belohnt. Um 14:35 hieß es: »Wenn wir um 15 Uhr wieder bei 100% sind, dann können wir Tee trinken und eine Kleinigkeit essen.« Natürlich werden wir auf jeden Fall eine Kleinigkeit essen, auch wenn es bis 15:15 dauert. Wir essen aber fast nie, bevor die Tests fehlerfrei laufen – wenn wir das erreicht haben, wird aus der Pause ein kleines Fest. (Quelle: E-Mail)

Terminmanagement

Das Terminmanagement (engl. tracking) ist eine weitere wichtige Managementkomponente in XP. Sie können die schönsten Aufwandsschätzungen machen, aber wenn Sie den konkreten Projektverlauf nicht mit Ihren Schätzungen vergleichen, dann lernen Sie nie dazu.

Aufgabe des Terminmanagers ist es, die Messdaten, die gerade erfasst werden, zu sammeln und dafür zu sorgen, dass das Team weiß, wie die tatsächlichen Messergebnisse aussehen (und daran erinnert wird, was gewünscht wurde).

Das Planungsspiel zu leiten gehört zum Managen von Terminen. Der Terminmanager (engl. tracker) muss die Spielregeln genau kennen und ihre Einhaltung auch in emotional geladenen Situationen erzwingen (Spielen ist immer emotional).

Das Managen der Termine muss ohne großen zusätzlichen Aufwand nebenher laufen. Wenn die Person, die die tatsächliche Entwicklungszeit erfasst, die Programmierer zweimal täglich nach ihrem Status fragt, dann werden die Programmierer sicher bald flüchten, statt diese Unterbrechung in Kauf zu nehmen. Der Terminmanager sollte dagegen ausprobieren, mit welcher minimalen Menge von Messdaten das Projekt noch effizient laufen kann. Zweimal wöchentlich Daten über die tatsächliche Entwicklungszeit zu sammeln ist völlig ausreichend.

Intervention

Zum Management eines XP-Teams gehört mehr, als Knabberzeug zu kaufen und Fußball zu spielen. Gelegentlich lassen sich Probleme einfach nicht durch die unglaubliche Brillanz des Teams lösen, das durch einen liebenden und aufmerksamen Manager ermutigt wird. Bei solchen Gelegenheiten muss der Manager in der Lage sein, einzugreifen, Entscheidungen zu fällen – auch wenig populäre – und die Konsequenzen zu tragen.

Zuerst muss der Manager jedoch sorgfältig prüfen, ob es etwas gibt, was zuvor übersehen wurde oder hätte getan werden können, um das Problem von vornherein zu vermeiden. Der Zeitpunkt für Interventionen ist nicht dazu geeignet, eine weiße Rüstung anzulegen und auf ein Pferd zu springen. Stattdessen ist es eher angebracht, auf das Team zuzugehen und zu sagen: »Ich weiß nicht, wie ich es so weit habe kommen lassen können, aber nun muss ich XXX tun.« An Tagen, an denen Interventionen erforderlich sind, ist Demut angesagt.

Zu den Dingen, die eine Intervention erfordern können, gehört ein Personalwechsel. Wenn man mit einem Teammitglied nicht zufrieden ist, muss der Manager diesem Mitglied kündigen. Und Entscheidungen dieser Art werden besser zu früh als zu spät getroffen. Wenn Sie sich kein Szenario mehr vorstellen können, in dem der Betreffende mehr nützt als behindert, ist es an der Zeit, zu handeln. Abzuwarten wird das Problem nur noch verschlimmern.

Eine etwas angenehmere Pflicht sind Interventionen, wenn der Teamprozess geändert werden muss. Es ist im Allgemeinen nicht die Aufgabe des Managers, vorzuschreiben, was und wie etwas geändert werden muss, sondern seine Aufgabe besteht darin, die Notwendigkeit einer Änderung aufzuzeigen. Das Team sollte dann eines oder mehrere Experimente vorschlagen, die man durchführen könnte. Der Manager gibt dann wiederum Rückmeldung über die durch die Experimente bedingten Änderungen.

Schließlich gehört es zu den Pflichten eines Managers, ein Projekt zu beenden. Das Team würde von sich aus wahrscheinlich niemals aufhören. Es wird jedoch der Tag kommen, an dem jede weitere Entwicklungsinvestition in das aktuelle System weniger lohnend ist als eine andere Alternative, wie z. B. ein neues Projekt zu beginnen. Der Manager muss erkennen können, wann diese Schwelle überschritten wird, und das obere Management über die Notwendigkeit einer Veränderung informieren.

13 Strategie hinsichtlich der Arbeitsumgebung

Wir richten eine offene Arbeitsumgebung für unser Team ein, die kleine private Arbeitsbereiche am Rand und einen gemeinsamen Programmierbereich in der Mitte aufweist.

Ron Jeffries schreibt zu Abbildung 13.1:

Das Bild zeigt den Arbeitsbereich des DaimlerChrysler-C3-Gehaltsabrechnungsteams. Auf zwei großen Tischen stehen sechs Entwicklungsrechner. Programmierer sitzen paarweise an den für ihre Arbeit verfügbaren Rechnern und programmieren. (Dieses Bild ist nicht gestellt: sie arbeiten wirklich wie hier gezeigt zusammen. Der Fotograf arbeitet mit Chet, der am hinteren Tisch mit dem Rücken zur Kamera sitzt.)

Die beiden sichtbaren Wände sind mit weißen Tafeln verkleidet, die Funktionstests, welche besonderer Aufmerksamkeit bedürfen, geplante CRC-Sitzungen und auf der hinteren Tafel den Iterationsplan zeigen. Die Zettel über der linken Tafel enthalten kleine Schilder, auf denen die XP-Regeln des Teams zu sehen sind.

An den Wänden rechts von und vor der Kamera sind kleine Arbeitstische angebracht, die gerade groß genug für ein Telefon und eine Schreibfläche sind.

Im hinteren Bereich des Raums zwischen dem Computertisch und der weißen Tafel steht ein normaler Tisch, an dem sich das Team zu CRC-Sitzungen zusammensetzt. Der Tisch ist üblicherweise mit CRC-Karten und Essen bedeckt, da eine der Teamregeln besagt: »Es muss etwas zum Essen da sein.«

*Der Raum wurde vom Team gestaltet: Wir haben uns tatsächlich dazu **entschieden**, hier zu sein. Die Leute sprechen leise und der Lärmpegel ist überraschend niedrig. Aber wenn man Hilfe braucht, muss man seine Stimme nur ein klein wenig heben und bekommt sie. Man bekommt sofort Hilfe: Beachten Sie, dass der Fußboden nicht mit Teppich ausgelegt ist, was bedeutet, dass wir mit unseren Stühlen wirklich schnell hin und her rollenkönnen!*

Wenn Sie keinen vernünftigen Arbeitsplatz haben, dann wird Ihr Projekt nicht funktionieren. Der Unterschied zwischen einem guten Arbeitsbereich und einem schlechten Arbeitsbereich macht sich unmittelbar und drastisch in der Teamarbeit bemerkbar.

Ein Wendepunkt in meiner Laufbahn als Berater war, als man mich bat, das objektorientierte Design eines Projekts zu begutachten. Ich sah mir das System an und konnte bestätigen, dass es chaotisch war. Dann fiel mir auf, wo die einzelnen Programmierer saßen. Das Team bestand aus vier erfahrenen Programmie-

Abbildung 13.1 Der Arbeitsbereich des DaimlerChrysler-C3-Teams

rern. Jeder von ihnen hatte ein Eckbüro an den vier Ecken eines mittelgroßen Gebäudes. Ich sagte Ihnen, sie sollten ihre Büros zusammenlegen. Ich wurde wegen meiner Kenntnisse von Smalltalk und Objekten in die Firma geholt und der wertvollste Rat, mit dem ich aufwarten konnte, bestand in dem Vorschlag, die Büromöbel anders anzuordnen.

Die Ausstattung eines Büros ist in jedem Fall eine schwierige Aufgabe. Es gibt eine Menge miteinander in Konflikt stehender Ansprüche. Büroplaner werden danach beurteilt, wie viel Geld sie ausgeben und wie viel Flexibilität sie ermöglichen. Die Leute, die die Büroausstattung nutzen, müssen eng mit den anderen Teammitgliedern zusammenarbeiten. Gleichzeitig brauchen sie aber auch eine Privatsphäre, um z.B. einen Arzttermin zu vereinbaren.

XP möchte lieber zu viel als zu wenig öffentliche Räume zur Verfügung stellen. XP ist eine gemeinschaftliche Methode der Softwareentwicklung. Die Teammitglieder müssen in der Lage sein, sich zu sehen, in den Raum gestellte Fragen zu hören und »zufällig« Unterhaltungen mitzubekommen, zu denen sie Wichtiges beitragen können.

XP kann eine Herausforderung für Büroplaner sein. Die üblichen Büroaufteilungen eignen sich nicht für XP. Man kann seinen Computer z.B. nicht in eine Ecke stellen, da dann unmöglich zwei Personen nebeneinander an dem Computer sitzen und programmieren können. Die Höhe der normalen Trennwände für Großraumbüros ist ungeeignet. Die Trennwände zwischen Arbeitsplätzen sollten halbhoch sein oder ganz entfernt werden. Gleichzeitig sollte das Team von anderen Teams getrennt sein.

Die beste Anordnung besteht in einem offenen, langen und schmalen Raum, um dessen offenen Innenraum herum kleine Arbeitsnischen angebracht sind. Die Teammitglieder können ihre persönlichen Dinge in diesen Arbeitsnischen deponieren, von dort aus Telefongespräche führen oder sich dort aufhalten, wenn sie nicht gestört werden möchten. Die anderen Teammitglieder müssen die »virtuelle« Privatsphäre derjenigen, die in diesen Arbeitsnischen sitzen, respektieren. Die größten und schnellsten Entwicklungsrechner sollten sich auf Tischen in der Mitte des Raums befinden (auch in den Arbeitsnischen können sich Rechner befinden, müssen aber nicht). Dadurch wird jemand, der programmieren möchte, praktisch gezwungen, sich in den offenen, allen zugänglichen Raum zu begeben. Von dort aus kann jeder ohne Weiteres beobachten, was vor sich geht. Man kann mühelos Paare bilden, und jedes Paar kann von der Energie der anderen Programmiererpaare, die zur gleichen Zeit entwickeln, profitieren.

So weit möglich, sollte man den schönsten Teil in dem Raum auf einer Seite für einen Gemeinschaftsraum reservieren. Statten Sie diesen Gemeinschaftsraum mit einer Espressomaschine, Sofas, etwas Spielzeug und anderen Dingen aus, die die Teammitglieder anlocken. Wenn man sich festgefahren hat, ist es häufig hilfreich, einen Moment lang vom Arbeitsplatz wegzugehen, um wieder neue Ideen zu sammeln. Wenn es einen angenehmen Platz gibt, den man aufsuchen kann, dann ist es wahrscheinlicher, dass man dies bei Bedarf auch tut.

Der Wert Mut findet seinen Ausdruck in der XP-Haltung gegenüber der Büroausstattung. Wenn die Firma in Bezug auf die Büroausstattung eine Haltung einnimmt, die mit der des Teams in Konflikt steht, dann gewinnt das Team. Befinden sich die Computer an der falschen Stelle, dann stellt man sie um. Wenn Trennwände im Weg sind, dann entfernt man sie. Ist die Raumbeleuchtung zu hell, dann wechselt man sie aus. Sind die Telefone zu laut, dann werden sie eines Tages nur noch gedämpft klingeln.

Ich sollte einmal in einer Bank arbeiten und stellte an meinem ersten Arbeitstag fest, dass man uns hässliche alte kleine Schreibtische zugeteilt hatte. Die Schreibtische hatten links und rechts Metallschubladen, sodass in der Mitte quasi nur ein Schlitz für die Beine blieb. Wir suchten uns einen geeigneten Schraubenzieher und montierten dann die Schubladen auf einer Seite des Schreibtisches ab. Dadurch konnten zwei Leute nebeneinander an einem Schreibtisch sitzen.

Dieses Herumbasteln an Möbeln kann einen in Schwierigkeiten bringen. Die Leute, die die Büroausstattung verwalten, können wirklich ärgerlich werden, wenn sie herausfinden, dass jemand ohne ihre Genehmigung oder Beteiligung die Möbel umgestellt hat (auch wenn eine offiziell angeforderte Änderung erst nach Wochen oder Monaten ausgeführt wird). Ich sage dann, tut mir Leid, ich muss Software programmieren und wenn das Entfernen einer Trennwand dazu beiträgt, dass ich die Software besser programmieren kann, dann entferne ich sie. Falls das Unternehmen so viel Initiative nicht ertragen kann, dann möchte ich sowieso nicht dort arbeiten.

Die Büroausstattung ist ein andauerndes Experimentieren wert (der Wert Feedback in Aktion). Schließlich hat das Unternehmen eine Unmenge für all diese flexiblen Büromöbel bezahlt. Dieses Geld wäre verschwendet, würde man die Flexibilität der Möbel nicht nutzen. Was passiert, wenn man die Arbeitsbereiche zweier Leute näher zusammen rückt? Oder weiter auseinander rückt? Wie würde es sich machen, wenn der Integrationsrechner in der Mitte des Raumes stünde? Oder in der Ecke? Probieren Sie es aus. Was funktioniert, bleibt. Was nicht funktioniert, fällt dem nächsten Experiment zum Opfer.

14 Geschäftliche und technische Verantwortung trennen

Ein Schlüsselmoment unserer Strategie besteht darin, dass sich Techniker auf technische Probleme und Geschäftsleute auf geschäftliche Probleme konzentrieren sollen. Das Projekt muss durch geschäftliche Entscheidungen gesteuert werden; bei geschäftlichen Entscheidungen müssen jedoch technische Entscheidungen hinsichtlich der Kosten und Risiken berücksichtigt werden.

Es gibt einen verbreiteten Fehler in der Beziehung zwischen Geschäft und Entwicklung. Wenn eine der beiden Seiten zu viel Macht erhält, leidet das Projekt darunter.

Geschäftsseite

Wenn die Geschäftsseite an der Macht ist, dann fühlt sie sich dazu berufen, der Entwicklung alle vier Variablen zu diktieren. »Sie werden genau dies tun. Sie werden dann damit fertig sein. Nein, es können keine neuen Workstations angeschafft werden. Und Sie liefern am besten Topqualität oder Sie sind in Schwierigkeiten, mein Lieber.«

In diesem Szenario fordert die Geschäftsseite zu viel. Einige Punkte auf der Liste von Anforderungen mögen absolut unabdingbar sein. Andere dagegen sind es nicht. Wenn die Entwickler völlig machtlos sind, dann können sie nicht widersprechen. Sie können dann die Geschäftsseite nicht zwingen, Prioritäten zu setzen. Die Entwickler machen sich also pflichtbewusst und mit hängenden Köpfen an die Arbeit an einer unmöglichen Aufgabe, die ihnen vorgeschrieben wurde.

Es scheint in der Natur der weniger wichtigen Anforderungen zu liegen, dass sie das höchste Risiko bergen. Diese Anforderungen sind typischerweise am wenigsten klar und daher ist das Risiko groß, dass sich diese Anforderungen im Laufe der Entwicklung ändern. Irgendwie scheinen sie auch in technischer Hinsicht riskanter zu sein.

Ergebnis des Szenarios »Geschäftsseite an der Macht« ist dann, dass das Projekt für einen zu geringen Gewinn zu viel Aufwand treibt und viel zu viele Risiken eingeht.

Entwicklungsseite

Wenn nun umgekehrt die Entwicklungsseite an die Macht kommt, dann möchte man vielleicht glauben, dass sich die Dinge zum Besseren wenden. Dem ist aber nicht so. Im Grunde genommen hat dies den gleichen Effekt.

Wenn die Entwickler das Sagen haben, dann implementieren sie all die Prozesse und Technologien, für die sie keine Zeit hatten, als sie von »den Herren in den Anzügen« herumkommandiert wurden. Sie installieren neue Tools, neue Sprachen, neue Technologien. Und die Tools, Sprachen und Technologien werden ausgewählt, weil sie interessant und neu sind. Neuigkeit impliziert Risiken. (Wenn wir das bislang nicht gelernt haben, wann werden wir es dann lernen?)

Im Endeffekt hat auch das Szenario »Entwicklung an der Macht« das Ergebnis, dass das Projekt für einen zu geringen Gewinn zu viel Aufwand betreibt und viel zu viele Risiken eingeht.

Was tun?

Die Lösung besteht darin, die Verantwortung und die Macht zwischen Geschäftsseite und Entwicklungsseite aufzuteilen. Die Geschäftsleute sollten diejenigen Entscheidungen treffen, für die sie kompetent sind. Die Programmierer sollten die Entscheidungen treffen, für die sie kompetent sind. Jede Partei sollte über die Entscheidungen der anderen Partei informiert werden und diese berücksichtigen. Keine der Parteien sollte in der Lage sein, einseitig Entscheidungen zu treffen.

Diesen politischen Balanceakt aufrechtzuerhalten mag so gut wie unmöglich erscheinen. Wenn die UN dazu nicht in der Lage ist, wie sollten wir das können? Wenn man nur das vage Ziel hat, »politische Macht im Gleichgewicht zu halten«, dann hat man sicher keine Chance. Die erste machtbewusste Person, die daherkäme, würde die Balance aus dem Gleichgewicht bringen. Glücklicherweise kann das Ziel aber sehr viel konkreter sein.

Zuerst eine Geschichte. Wenn mich jemand fragt, ob ich einen Ferrari oder einen Minivan möchte, dann entscheide ich mich mit ziemlicher Sicherheit für den Ferrari, da dieses Auto eindeutig mehr Spaß macht. Sobald aber jemand sagt: »Möchten Sie den Ferrari für 200.000 Francs oder den Minivan für 40.000 Francs?« kann ich eine triftige Entscheidung fällen. Wenn man weitere Anforderungen hinzufügt wie »Ich muss damit fünf Kinder transportieren können« oder »Der Wagen muss 200 Kilometer in der Stunde fahren können«, dann wird das Bild noch klarer. Es gibt Fälle, in denen beide Entscheidungen sinnvoll sein können, aber man kann auf der Grundlage von Werbebildchen keine fundierte Entscheidung treffen. Man muss wissen, welche Ressourcen einem zur Verfügung stehen, welche Zwänge gegeben sind und welche Kosten mit jeder Entscheidung verbunden sind.

Diesem Modell folgend, sollten Geschäftsleute bestimmen über

- den Umfang und den Zeitplan von Versionen
- die relative Priorität von vorgeschlagenen Leistungsmerkmalen
- den genauen Umfang von vorgeschlagenen Leistungsmerkmalen

Zu diesen Entscheidungen muss die Entwicklungsabteilung Folgendes beitragen:

- Einschätzung des für die Implementierung der verschiedenen Leistungsmerkmale erforderlichen Zeitaufwands
- Einschätzung der Konsequenzen verschiedener technischer Alternativen
- Ein Entwicklungsprozess, der sich mit den Persönlichkeiten der Mitarbeiter, der Geschäftsumgebung und der Unternehmenskultur verträgt. Kein Regelwerk darüber, wie man Software schreibt, kann jeder Situation angemessen sein. In der Tat kann keine einzige Liste in irgendeiner Situation passend sein, da sich die Situation ständig ändert.
- Die Entscheidung, welche Verfahren man am Anfang der Entwicklung einsetzt und wie man die Auswirkungen dieser Verfahren bewertet und mit Änderungen experimentiert. Dies ist mit der amerikanischen Verfassung vergleichbar, die eine Grundphilosophie, eine Reihe von Grundregeln (die Menschenrechte, die ersten zehn Zusatzartikel) und Regeln zum Ändern der Regeln (durch das Hinzufügen neuer Verfassungsänderungen) festlegt.

Da über die gesamte Lebensdauer eines Projekts Geschäftsentscheidungen gefällt werden müssen, impliziert die Übertragung der Verantwortung für Geschäftsentscheidungen an die Geschäftsleute, dass der Kunde genauso zum Team gehören muss wie der Programmierer. Die besten Ergebnisse erzielt man, wenn die Geschäftsseite mit den übrigen Teammitgliedern in einem Raum sitzt und ständig zur Beantwortung von Fragen verfügbar ist.

Wahl der Technologie

Während die Wahl der Technologie auf den ersten Blick eine rein technische Angelegenheit zu sein scheint, ist es tatsächlich eine Geschäftsentscheidung, bei der allerdings die Meinung der Entwicklungsseite berücksichtigt werden muss. Der Kunde muss mit einer Datenbank oder mit einer Sprache viele Jahre lang leben und muss ebenso auf der Geschäfts- wie auf der technischen Ebene mit dieser Beziehung zufrieden sein.

Wenn mir ein Kunde sagt: »Wir möchten dieses System und Sie müssen mit dieser relationalen Datenbank und mit dieser Java-Entwicklungsumgebung arbeiten«, dann besteht meine Aufgabe darin, ihm die Konsequenzen dieser Entscheidung vor Augen zu halten. Wenn ich der Meinung bin, eine Objektdatenbank und C++ sind passender, dann nehme ich für beide Alternativen eine Aufwandsschätzung vor. Dann können die Geschäftsleute eine Geschäftsentscheidung treffen.

Technische Entscheidungen haben allerdings noch eine Seite, die eindeutig in den Bereich der Entwicklung gehört. Nachdem eine Technologie in einer Firma eingeführt wurde, muss sie jemand pflegen, solange sie verwendet wird. Die Kosten der neuesten und besten Technologien liegen nicht einfach in der anfänglichen Entwicklung bis zur Produktionsreife oder überhaupt in der Entwicklung. Die Kosten beinhalten auch die Kosten für die Herausbildung und Aufrechterhaltung der Kompetenz, die zur Pflege dieser Technologie erforderlich ist.

Was passiert, wenn es schwierig wird?

Meist sind die Entscheidungen, die aus diesem Prozess hervorgehen, überraschend einfach auszuführen. Programmierer haben ein Talent dafür, hinter allem Monster lauern zu sehen. Die Geschäftsleute sagen: »Ich hatte keine Ahnung, dass das so teuer ist. Implementieren Sie einfach dieses Drittel hier. Das reicht fürs Erste.«

Manchmal lassen sich die Dinge aber nicht so einfach lösen. Manchmal ist der kleinste, wertvollste Teil der Entwicklung aus der Perspektive der Programmierer umfangreich und riskant. Wenn das passiert, dürfen Sie die Augen nicht vor dieser Tatsache verschließen. Sie müssen dann sehr vorsichtig sein. Sie können sich nicht viele Fehler leisten. Sie müssen unter Umständen externe Ressourcen ins Team holen. In dem Moment aber, an dem Sie den Schützengraben verlassen können, haben Sie Ihr Geld verdient. Sie tun alles, um eine Verkleinerung des Umfangs zu bewirken. Sie tun alles, um das Risiko zu minimieren. Aber dann wagen Sie den Sprung.

Anders gesagt, die Teilung der Macht zwischen Geschäftsseite und Entwicklung soll nicht als Entschuldigung dafür dienen, schwierige Aufgaben zu vermeiden. Ganz im Gegenteil. Dadurch erhält manvielmehr die Möglichkeit, die Aufgaben, die an sich schwierig sind, von denen zu trennen, bei denen Sie noch nicht dahintergekommen sind, wie man sie einfacher gestalten kann. Meist ist die Arbeit einfacher, als Sie es sich anfangs vorgestellt haben. Ist dies nicht der Fall, dann tun Sie sie trotzdem, weil Sie genau dafür bezahlt werden.

15 Planungsstrategie

Wir planen, indem wir rasch einen groben Plan entwerfen, den wir ständig weiter verbessern, wobei wir immer kürzere Zeiträume – Jahre, Monate, Wochen, Tage – betrachten. Wir erstellen den Plan schnell und kostengünstig, sodass das Trägheitsmoment im Fall notwendiger Änderungen gering ausfällt.

Bei der Planung geht es darum, zu überlegen, wie es sein wird, eine Softwarekomponente zusammen mit einem Kunden zu entwickeln. Die Planung dient unter anderem den Zwecken

- ein Team zusammenzuführen
- über Umfang und Prioritäten zu entscheiden
- das Vertrauen aller Beteiligten zu stärken, dass das System tatsächlich implementiert werden kann
- einen Fixpunkt für ein regelmäßiges Feedback zur Verfügung zu stellen

Sehen wir uns noch einmal die Prinzipien an, die auf die Planung Einfluss haben. (Einige davon sind allgemeine Prinzipien aus Kapitel 8, »Grundprinzipien«. Andere betreffen nur die Planung.)

- Planen Sie nur so viel, wie für die nächste Zeithorizontlinie erforderlich ist – Planen Sie auf jeder Detailebene nur bis zum nächsten Horizontlinie – d.h. die nächste Version, das Ende der nächsten Iteration. Das heißt nicht, dass Sie nicht langfristig planen dürfen. Sie dürfen, nur nicht bis ins kleinste Detail. Sie können diese Version detailliert planen oder auf die nächsten fünf (vorgeschlagenen) Versionen mit einer Reihe von Aufzählungspunkten eingehen. Solch eine Skizze ist dem Versuch, alle sechs Versionen detailliert zu planen, kaum unterlegen.
- Verantwortung übernehmen – Verantwortung kann übernommen, aber nicht zugewiesen werden. Das heißt, dass es in XP keine von oben verordnete Planung (die so genannte Top-down-Planung) gibt. Der Manager kann nicht zum Team gehen und sagen: »Hier ist das, was wir zu erledigen haben, und das wird die und die Zeit dauern.« Der Projektmanager muss das Team bitten, die Verantwortung für die zu erledigenden Aufgaben zu übernehmen. Und dann muss er sich die Reaktionen anhören.
- Die Person, die für die Implementierung verantwortlich ist, schätzt den Aufwand ein – Wenn das Team die Verantwortung dafür übernimmt, etwas zu erledigen, dann kann das Team auch sagen, wie lange dies dauern wird. Wenn ein Einzelner im Team eine bestimmte Aufgabe übernimmt, dann kann er sagen, wie lange es dauern wird.

- Abhängigkeiten zwischen Teilen ignorieren – Planen Sie so, als könnten die zu entwickelnden Teile beliebig miteinander vertauscht werden. Solange Sie sorgsam darauf achten, die Dinge mit der höchsten Geschäftspriorität zuerst zu implementieren, sorgt diese einfache Regel dafür, dass Sie nicht in Schwierigkeiten geraten. »Wie viel kostet der Kaffee?« »Der Kaffee kostet 50 Pfennig, aber das Nachschenken ist kostenlos.« »Dann möchte ich bitte nur das Nachschenken.« So etwas passiert dann nicht so leicht.
- Nach Prioritäten planen statt nach Entwicklungsgesichtspunkten – Beachten Sie, welchen Zweck eine Planung erfüllen soll. Wenn Sie planen, damit der Kunde Prioritäten setzen kann, dann kann eine sinnvolle Planung mit sehr viel weniger Details auskommen, als wenn Sie die Implementierung planen, bei der bestimmte Testfälle erforderlich sind.

Das Planungsspiel

Die XP-Planung abstrahiert im Planungsprozess absichtlich zwei Teilnehmer – die Geschäftsseite und die Entwicklung. Dies kann dazu beitragen, etwas von der wenig hilfreichen emotionalen Hitze aus der Diskussion von Plänen zu nehmen. Statt »Hans, Sie Idiot, Sie haben mir dies für Freitag versprochen«, sagt man im Planungsspiel: »Die Entwicklung hat etwas gelernt. Sie braucht von der Geschäftsseite Unterstützung darin, auf die optimale Art und Weise zu reagieren.« Es ist unmöglich, dass sich Gefühle durch ein einfaches Regelwerk beseitigen lassen und dies ist auch nicht beabsichtigt. Die Regeln sind dafür da, jeden daran zu erinnern, wie man sich gern verhalten würde, und sie dienen als gemeinsame Referenz, wenn etwas schief läuft.

Die Geschäftsseite kann die Entwicklung oft nicht besonders leiden. Die Beziehungen zwischen den Leuten, die das System brauchen, und den Leuten, die das System entwickeln, sind so angespannt, dass sie oft den Beziehungen zwischen Jahrhunderte alten Feinden gleichen. Misstrauen, Beschuldigungen und subtiles, indirektes Lavieren sind verbreitet. Man kann in einer solchen Umgebung keine solide Software entwickeln.

Wenn Ihre Umgebung nicht dieser Beschreibung entspricht, dann ist das gut für Sie. Die beste Umgebung ist eine Umgebung gegenseitigen Vertrauens. Die Parteien respektieren einander. Jede Partei glaubt, dass der anderen Partei ihr eigenes Interesse und das Interesse der Mehrheit am Herzen liegt. Jede Partei ist bereit, die andere Partei ihre Arbeit tun zu lassen und die Fähigkeiten, Erfahrungen und Perspektiven beider Parteien zu vereinen.

Man kann diese Art von Beziehungen nicht durch Gesetze verordnen. Man kann nicht einfach sagen: »Wir wissen, wir haben Mist gebaut. Es tut uns schrecklich leid. Es wird nicht wieder vorkommen. Lasst uns völlig anders arbeiten und gleich nach dem Mittagessen damit beginnen.« Die Welt und die Menschen funktionieren einfach nicht so. Unter Stress neigen die Leute dazu, wieder in ihre alten Verhaltensweisen zu verfallen, gleichgültig, welche schlechten Erfahrungen ihnen dieses Verhalten in der Vergangenheit beschert hat.

Was zu einer Beziehung des gegenseitigen Respekts erforderlich ist, ist eine Reihe von Regeln, die festlegen, wie man sich in der Beziehung verhält – wer welche Entscheidungen treffen darf, wann die Entscheidungen getroffen werden, wie diese Entscheidungen aufgezeichnet werden.

Vergessen Sie jedoch nie, dass die Spielregeln ein Hilfsmittel sind, ein Schritt in Richtung auf die Beziehung hin, die sie eigentlich zu Ihren Kunden haben möchten. In den Regeln können niemals die Subtilität, Flexibilität und Leidenschaft echter menschlicher Beziehungen zum Ausdruck kommen. Ohne Regeln kann man jedoch nicht beginnen, die Situation zu verbessern. Sobald man aber einmal Regeln hat und die Situation sich langsam verbessert, dann kann man damit beginnen, die Regeln abzuändern, um die Entwicklungsarbeit zu erleichtern. Wenn die Regeln erst einmal zur Gewohnheit geworden sind, kann man sie ganz aufgeben.

Zuerst müssen Sie aber lernen, nach den Regeln zu spielen. Und das sind die Regeln:

Das Ziel

Ziel des Spiels ist es, den Wert der vom Team produzierten Software zu maximieren. Vom Wert der Software muss man die Entwicklungskosten und das Risiko, das während der Entwicklung eingegangen wird, abziehen.

Die Strategie

Die Strategie des Teams besteht darin, unter Maßgabe der Programmier- und Designstrategien so wenig wie möglich zur Minimierung des Risikos zu investieren, um die wertvollste Funktionalität so schnell wie möglich in Betrieb zu nehmen. Im Licht der technologischen und geschäftlichen Erkenntnisse dieses ersten Systems wird der Geschäftsseite klar, was nun die wertvollste Funktionalität ist, und das Team kann diese Funktionalität rasch zur Produktionsreife entwickeln. Und so weiter.

Die Spielelemente

Gespielt wird im Planungsspiel mit Karten, die als »Storycards« bezeichnet werden. Abbildung 15.1 zeigt ein Beispiel für eine solche Karte.

Die Spieler

Das Planungsspiel wird von zwei Spielern gespielt, nämlich von der Entwicklung und der Geschäftsseite. Die Entwicklung setzt sich aus all den Personen zusammen, die für die Implementierung des Systems verantwortlich sind. Die Geschäftsseite besteht aus den Leuten, die die Entscheidungen darüber treffen, was das System leisten soll.

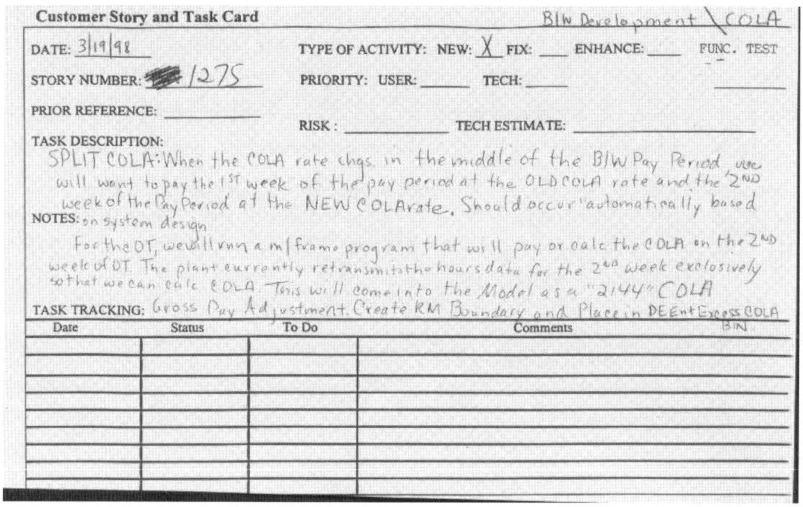
Customer Story and Task Card — BIW Development \ COLA

DATE: 3/19/98 — TYPE OF ACTIVITY: NEW: X FIX: ___ ENHANCE: ___ FUNC. TEST

STORY NUMBER: [redacted] 1275 — PRIORITY: USER: ___ TECH: ___

PRIOR REFERENCE: ___ — RISK: ___ TECH ESTIMATE: ___

TASK DESCRIPTION: SPLIT COLA: When the COLA rate chgs in the middle of the BIW Pay Period we will want to pay the 1ST week of the pay period at the OLD COLA rate and the 2ND week of the Pay Period at the NEW COLA rate. Should occur automatically based on system design

NOTES: For the OT, we will run a m/frame program that will pay or calc the COLA on the 2ND week of OT. The plant currently retransmits the hours data for the 2ND week exclusively so that we can calc COLA. This will come into the Model as a "2144" COLA

TASK TRACKING: Gross Pay Adjustment. Create RM Boundary and Place in DE Ent Excess COLA BIN

Date	Status	To Do	Comments

Abbildung 15.1 Eine Storycard

Manchmal lässt sich sofort erkennen, wer die Rolle der Geschäftsseite im Planungsspiel spielt. Wenn ein Investmentbroker für eine maßgeschneiderte Softwarekomponente zahlt, dann nimmt er die Rolle der Geschäftsseite ein. Er kann entscheiden, was am wichtigsten ist und zuerst erledigt werden muss. Wie sieht es aber aus, wenn Sie ein kommerzielles Softwareprodukt für den Massenmarkt entwickeln? Wer repräsentiert dann die Geschäftsseite? Die Geschäftsseite muss Entscheidungen über den Umfang, die Prioritäten und den Inhalt von Versionen entscheiden. Dies sind Entscheidungen, die in der Regel von der Marketingabteilung getroffen werden. Wenn diese Abteilung klug ist, dann stützt sie ihre Entscheidungen durch

- echte Benutzer des Produkts
- Zielgruppen
- Vertriebsmitarbeiter

Einige der besten Spieler der Geschäftsseite, die ich kennen gelernt habe, waren professionelle Anwender. Beispielsweise habe ich an einem Kundendienstsystem für einen Investmentfond gearbeitet. Die Rolle der Geschäftsseite wurde vorwiegend von der Leiterin der Kundendienstabteilung eingenommen, die sich in der Firma hochgearbeitet hatte, das vorherige System über Jahre hinweg verwendet hatte und es in- und auswendig kannte. Von Zeit zu Zeit hatte sie Schwierigkeiten, das, was das neue System leisten sollte, von dem zu unterscheiden, was das alte System leistete, aber nachdem sie eine Weile mit Storycards gearbeitet hatte, lernte sie es.

Die Spielzüge

Das Spiel umfasst drei Phasen:

- Erforschung – Herausfinden, was das alte System geleistet hat.
- Verpflichtung – Entscheiden, welche Teilmenge der möglichen Anforderungen als Nächstes in Angriff genommen wird.
- Steuerung – Die Entwicklung steuern, während die Realität den Plan formt.

Die Spielzüge einer Phase werden in der Regel in der betreffenden Phase ausgeführt, aber nicht ausschließlich. Beispielsweise beschreibt man in der Steuerungsphase auch neue Leistungsmerkmale (Storycards). Die Phasen sind zudem zyklisch. Nachdem man eine Zeit lang die Entwicklung gesteuert hat, muss man wieder forschen.

Erforschungsphase

Zweck der Erforschungsphase ist es, beiden Spielern ein Bewusstsein davon zu vermitteln, was das gesamte System schließlich leisten soll. Die Erforschungsphase umfasst drei Spielzüge:

Eine Storycard schreiben – Die Geschäftsseite erstellt eine Storycard, die etwas beschreibt, was das System leisten soll. Die Leistungsmerkmale werden auf Karteikarten geschrieben, die benannt werden und einen kurzen Absatz mit dem Zweck der Leistungsmerkmale enthalten.

Eine Storycard einschätzen – Die Entwicklung schätzt ein, wie lange es dauern wird, die Leistungsmerkmale zu implementieren. Wenn die Entwicklung ein auf einer Storycard beschriebenes Leistungsmerkmal nicht einschätzen kann, kann sie sich an die Geschäftsseite wenden, die die Storycard näher erläutern oder aufteilen kann. Eine einfache Methode zur Einschätzung eines Leistungsmerkmals besteht in der Frage: »Wie lange werde ich brauchen, um dies zu implementieren, wenn ich nichts anderes implementieren muss, nicht unterbrochen werde und keine Meetings habe.« In XP nennt man dies die ideale Entwicklungszeit (engl. Ideal Engineering Time). Wie Sie später (im Abschnitt »Verpflichtungsphase« unter dem Punkt »Geschwindigkeit festlegen«) sehen werden, errechnen Sie ein Verhältnis zwischen der idealen Zeit und der Kalenderzeit, bevor Sie sich zu einem bestimmten Terminplan verpflichten.

Eine Storycard aufteilen – Wenn die Entwicklung nicht die gesamte Storycard einschätzen kann oder wenn die Geschäftsseite erkennt, dass ein Teil der Storycard weniger wichtig als andere Teile ist, dann kann die Geschäftsseite eine Storycard in zwei oder mehr Storycards aufteilen.

Verpflichtungsphase

Zweck der Verpflichtungsphase ist es, dass die Geschäftsseite den Umfang und das Datum der nächsten Version festlegt und dass die Entwicklung sich dazu verpflichtet, dies zu liefern. Die Verpflichtungsphase umfasst vier Spielzüge.

Nach Wert sortieren – Die Geschäftsseite teilt die Storycards auf drei Stapel auf: (1) die Leistungsmerkmale, ohne die das System nicht funktioniert, (2) die Leistungsmerkmale, die weniger wichtiger sind, aber entscheidenden Geschäftsgewinn liefern und (3) die Leistungsmerkmale, die wünschenswert, aber nicht unbedingt erforderlich sind.

Nach Risiko sortieren – Die Entwicklung teilt die Storycards auf drei Stapel auf: (1) die Leistungsmerkmale, die sie genau einschätzen kann, (2) die Leistungsmerkmale, die sie halbwegs einschätzen kann und (3) die Leistungsmerkmale, die sie überhaupt nicht einschätzen kann.

Geschwindigkeit festlegen – Die Entwicklung teilt der Geschäftsseite mit, wie schnell das Team in idealer Entwicklungszeit pro Kalendermonat programmieren kann.

Umfang festlegen – Die Geschäftsseite wählt die Storycards für eine Version aus, indem sie entweder ein Datum festlegt, an dem die Entwicklung abgeschlossen sein muss, und Karten anhand der Aufwandsschätzung und der Projektgeschwindigkeit auswählt oder indem sie Storycards auswählt und das Datum berechnet.

Steuerungsphase

Zweck der Steuerungsphase ist es, den Plan anhand der Erfahrungen der Entwicklung und der Geschäftsseite zu aktualisieren. Die Steuerungsphase umfasst vier Spielzüge.

Iteration – Am Beginn jeder Iteration (alle ein bis drei Wochen) wählt die Geschäftsseite die wichtigsten Elemente aus, die innerhalb einer Iteration implementiert werden können. Die Elemente der ersten Iteration müssen zu einem System führen, das voll funktionsfähig ist, auch wenn es noch nicht ganz ausgereift ist.

Plankorrektur – Wenn die Entwicklung erkennt, dass es das eigene Tempo überschätzt hat, kann sie die Geschäftsseite fragen, welches, entsprechend den neuen Angaben zu Geschwindigkeit und Aufwandsschätzungen, die wertvollste Menge von Leistungsmerkmalen (Storycards) ist, die in der aktuellen Version enthalten sein soll.

Neues Leistungsmerkmal – Wenn die Geschäftsseite mitten in der Entwicklung einer Version erkennt, dass sie ein neues Leistungsmerkmal braucht, dann kann sie die Storycard schreiben. Die Entwicklung schätzt die Storycard ein und die Geschäftsseite entfernt Storycards mit den jeweiligen Aufwandsschätzungen aus dem verbleibenden Plan und fügt die neue Storycard ein.

Neueinschätzung des Aufwands – Wenn die Entwicklung den Eindruck hat, dass der Plan den Entwicklungsverlauf nicht mehr genau beschreibt, dann kann sie alle verbleibenden Aufgaben neu einschätzen und die Geschwindigkeit neu festlegen.

Iterationsplanung

Das oben beschriebene Planungsspiel versetzt den Kunden in die Lage, alle drei Wochen in die Entwicklung lenkend einzugreifen. Innerhalb einer Iteration setzt die Entwicklung nahezu die gleichen Regeln ein, um ihre Aktivitäten zu planen.

Das Iterationsplanungsspiel ähnelt dem Planungsspiel, insofern auch hier mit Karten gespielt wird. Diesmal handelt es sich jedoch um *Taskcards* statt Storycards. Die einzelnen Programmierer sind die Spieler. Die Zeitskala ist kürzer – das gesamte Spiel dauert eine Iteration (ein bis vier Wochen) lang. Die Phasen und Spielzüge sind ähnlich.

Erforschungsphase

Eine Aufgabe beschreiben – Man nimmt die Storycards einer Iteration und macht Taskcards (Aufgaben) daraus. Im Allgemeinen umfassen die Aufgaben nicht die gesamte Storycard, da man ein ganzes Leistungsmerkmal nicht in einigen wenigen Tagen implementieren kann. Gelegentlich unterstützt eine Aufgabe mehrere Leistungsmerkmale. Manchmal bezieht sich eine Aufgabe nicht direkt auf ein bestimmtes Leistungsmerkmal, z.B. die Umstellung auf eine neue Version von Systemsoftware. Abbildung 15.2 zeigt ein Beispiel für eine echte Taskcard.

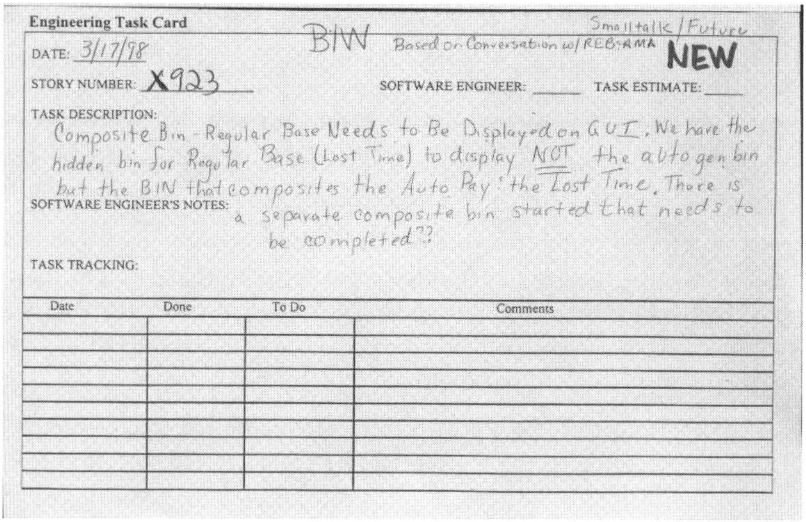

Engineering Task Card

Smalltalk/Future

DATE: 3/17/98 BIW Based on Conversation w/ REB; AMA NEW

STORY NUMBER: X923 SOFTWARE ENGINEER: ____ TASK ESTIMATE: ____

TASK DESCRIPTION:
Composite Bin - Regular Base Needs to Be Displayed on GUI. We have the hidden bin for Regular Base (Lost Time) to display NOT the auto gen bin but the BIN that composites the Auto Pay & the Lost Time. There is a separate composite bin started that needs to be completed??

SOFTWARE ENGINEER'S NOTES:

TASK TRACKING:

Date	Done	To Do	Comments

Abbildung 15.2 Eine Taskcard

Eine Aufgabe aufteilen/Aufgaben kombinieren – Wenn man meint, dass sich eine Aufgabe nicht innerhalb einiger Tage erledigen lässt, teilt man sie in kleinere Aufgaben auf. Wenn sich verschiedene Aufgaben in jeweils nur eine Stunde erledigen lassen, kombiniert man sie zu einer umfangreicheren Aufgabe.

Verpflichtungsphase

Eine Aufgabe übernehmen – Die Programmierer übernehmen die Verantwortung für die Erledigung bestimmter Aufgaben.

Eine Aufgabe einschätzen – Der verantwortliche Programmierer schätzt ein, wie viele Tage idealer Entwicklungszeit zur Implementierung der einzelnen Aufgaben erforderlich sind. Häufig hängt diese Einschätzung davon ab, ob man von anderen Programmierern unterstützt wird, die den Code möglicherweise besser kennen. Aufgaben, die mehr als einige Tage beanspruchen, müssen aufgeteilt werden (Sie müssen den genauen Schwellenwert selbst ermitteln, indem Sie Aufgaben, die pünktlich erledigt wurden, mit solchen vergleichen, die nicht pünktlich erledigt wurden).

Sie nehmen vielleicht an, dass man die Auswirkungen des Programmierens in Paaren in der Aufwandseinschätzung berücksichtigen muss. Ignorieren Sie das. Die Zeit, die Sie damit verbringen, anderen Programmierern zu helfen, mit dem Kunden zu sprechen und an Sitzungen teilzunehmen, schlägt sich im Belastungsfaktor nieder.

Belastungsfaktor festlegen – Jeder Programmierer setzt seinen Belastungsfaktor für die Iteration fest, welchen Prozentanteil seiner Zeit er also wirklich für das Programmieren aufwenden kann. Es handelt sich hierbei um einen Messwert – das Verhältnis zwischen Tagen idealer Entwicklungszeit und Kalendertagen. Wenn Sie während der letzten drei Iterationen Aufgaben mit einer idealen Entwicklungszeit von 6, 8 und 7,5 Tagen fertig gestellt haben, dann sollten Sie sich für diese Iteration für diese Aufgabenmenge verpflichten. Die ideale Entwicklungszeit für Aufgaben pro Iteration kann bei neuen Teammitgliedern oder Coachs relativ gering sein, z.B. zwei oder drei Tage während einer dreiwöchigen Iteration. Sie sollte bei allen Teammitgliedern höher als 7 oder 8 sein, da diese ansonsten nicht genügend zum Team beitragen.

Belastungsausgleich – Jeder Programmierer addiert seine Aufgabenschätzungen und multipliziert diese mit dem Belastungsfaktor. Programmierer, die sich zu viel aufgebürdet haben, müssen Aufgaben abgeben. Wenn das gesamte Team überlastet ist, dann muss es einen Ausgleich finden (siehe nachfolgenden Punkt *Plankorrektur*).

Steuerungsphase

Eine Aufgabe implementieren – Der Programmierer übernimmt eine Aufgabe, sucht sich einen Partner, schreibt die Testfälle für diese Aufgabe, bringt diese zum Laufen, integriert und gibt den neuen Code frei, sobald die allgemeine Testreihe fehlerfrei ausgeführt wird.

Arbeitsfortschritt protokollieren – Alle zwei oder drei Tage fragt ein Teammitglied jeden Programmierer, wie lange er für jede seiner Aufgaben gebraucht hat und wie viele Tage er noch übrig hat.

Plankorrektur – Programmierer, die zu viele Aufgaben übernommen haben, bitten um Unterstützung, indem sie (1) den Umfang einiger Aufgaben reduzieren, (2) den Kunden bitten, den Umfang einiger Leistungsmerkmale (Storycards) zu reduzieren, (3) unwichtige Aufgaben verwerfen, (4) sich mehr oder bessere Unterstützung besorgen oder als letzten Ausweg (5) den Kunden bitten, einige Leistungsmerkmale auf eine spätere Iteration zu verschieben.

Leistungsmerkmal verifizieren – Sobald die Funktionstests fertig und die Aufgaben für ein Leistungsmerkmal erledigt sind, werden die Tests ausgeführt, um die Funktionsfähigkeit des Leistungsmerkmals zu verifizieren. Interessante Fälle, die sich während der Implementierung ergeben haben, können den Funktionstests hinzugefügt werden.

Die Unterschiede zwischen der Planung einer Iteration und der Planung einer Version bestehen vorwiegend darin, dass man im Terminplan einer Iteration größere Abweichungen tolerieren kann als im Terminplan einer Version, zu dem man sich verpflichtet hat. Wenn innerhalb einer Iteration eine von drei Wochen vergangen ist und der Arbeitsfortschritt nicht den Erwartungen entspricht, dann ist es durchaus möglich, einen Tag auszusetzen und diesen für ein gemeinschaftliches Refactoring aufzuwenden, das für den Arbeitsfortschritt aller erforderlich ist. Kein Programmierer wird hier den Eindruck gewinnen, das gesamte Projekt würde nun auseinander fallen (zumindest nicht, wenn er über etwas Erfahrung verfügt). Würden die Kunden solche anscheinend drastischen Änderungen täglich mitbekommen, würden sie jedoch rasch nervös werden.

Es mag vielleicht den Anschein machen, als würde man lügen, da man einen Teil des Entwicklungsprozesses vor dem Kunden verbirgt. Es ist wichtig, dass sich dies nicht bewahrheitet. Sie verheimlichen nicht absichtlich etwas. Wenn der Kunde einen Tag lang dem Refactoring zuschauen möchte, dann kann er dies gerne tun, auch wenn er wahrscheinlich Wichtigeres zu erledigen hat. Die Unterscheidung zwischen Inter- und Intraiterationsplanung ist eine Erweiterung des Prinzips der Trennung von geschäftlichen und technischen Entscheidungen. Es gibt Änderungen auf einer bestimmten Detailebene, die für die Geschäftsseite nicht mehr von Belang sind – Programmierer wissen ihre Zeit besser einzuteilen, als es irgendein Repräsentant der Geschäftsseite könnte.

Ein Unterschied zwischen dem Planungsspiel und dem Iterationsplanungsspiel besteht darin, dass die Programmierer sich zu Aufgaben verpflichten, bevor sie deren Aufwand einschätzen. Das Team übernimmt implizit Verantwortung für die Leistungsmerkmale und daher sollten die Einschätzungen vom Team gemeinsam vorgenommen werden. Einzelne Programmierer übernehmen die Verantwortung für bestimmte Aufgaben und daher sollten sie diese Aufgaben selbst einschätzen.

Eine weitere Eigenheit der Iterationsplanung ist, dass einige Aufgaben nicht direkt mit den Anforderungen des Kunden in Beziehung stehen. Wenn jemand die Integrationstools verbessern muss und diese Aufgabe so aufwändig ist, dass sie sich nicht in der Entwicklung verbergen lässt, dann wird daraus eine eigene Aufgabe, die zusammen mit den anderen Aufgaben Priorität erhält und geplant wird.

Sehen wir uns noch einmal die Zwänge des Iterationsplanungsprozesses an und wie die oben beschriebene Strategie darauf eingeht.

- Man sollte nicht allzu viel Zeit mit dem Planen verbringen, da sich die Wirklichkeit nie genau an den Plan hält. Ein halber Tag von fünfzehn Tagen ist nicht zu viel Aufwand. Natürlich wäre es besser, wenn Sie diesen Zeitraum verringern könnten, aber er fällt nicht wirklich ins Gewicht.
- Man möchte ein unmittelbares Feedback zur eigenen Arbeit, damit man nach einem Drittel der Planungszeit weiß, ob man in Schwierigkeiten ist. Die Antworten auf die Fragen, die von der Person gestellt werden, die den Arbeitsfortschritt protokolliert, sollten einem etwa nach der Hälfte der Iteration einen Eindruck davon vermitteln, ob man im Zeitplan liegt oder nicht. Dies gibt einem häufig genügend Zeit, lokal auf das Problem zu reagieren, ohne den Kunden bitten zu müssen, Änderungen vorzunehmen.
- Man möchte, dass derjenige, der etwas fertig stellt, auch für die betreffende Aufwandsschätzung verantwortlich ist. Das funktioniert, solange die Programmierer Aufgaben übernehmen, bevor sie diese einschätzen.
- Man möchte den Entwicklungsumfang auf das beschränken, was wirklich notwendig ist. Es kommt einem immer etwas komisch vor, wenn man sagt, dass man in drei Wochen nur 7,5 Entwicklungstage arbeiten kann (15 Tage geteilt durch einen gemessenen Belastungsfaktor von 2). Es stellt sich jedoch heraus, dass dies wahr ist, wenn man mehr Erfahrung beim Treffen von Aufwandsschätzungen gewinnt. Das Gefühl, dass man eigentlich gar nicht so viel arbeitet, veranlasst einen, mehr Aufgaben übernehmen zu wollen. Man weiß jedoch, dass man Standards einhalten und Qualität liefern muss, wenn man dies tut (und man hat einen Partner, der auf den gleichen Bildschirm blickt und sicherstellt, dass man Qualität liefert). Man tendiert also dazu, einfach zu arbeiten, und kann immer noch behaupten, dass man die Aufgabe erledigt hat.
- Man möchte einen Prozess, der nicht so viel Druck erzeugt, dass Leute Dinge tun, die sich als dumm erweisen, nur um einen kurzfristigen Plan zu erfüllen. Dies läuft wiederum darauf hinaus, dass man sagt, man kann 7,5 Tage Arbeit

> leisten. Man kann einfach nicht viele Aufgaben übernehmen. Wenn man eine Iteration bearbeitet hat, dann erhält man oft das Feedback, dass man nicht hätte versuchen sollen, sich so viel aufzubürden. Man wiederholt diesen Fehler also nicht noch einmal. Dies resultiert darin, dass man sich in etwa zu so viel verpflichtet, wie man leisten kann, ohne an der Qualität Abstriche zu machen.

Bei kleineren Projekten lasse ich die Iterationsplanung sein. Sie ist sicher notwendig, um die Arbeit von zehn Programmierern zu koordinieren. Zur Koordination der Arbeit von zwei Programmierern ist sie dagegen nicht notwendig. Abhängig vom Projekt, werden Sie feststellen, dass der Koordinationsbedarf den für eine formale Iterationsplanung erforderlichen Aufwand rechtfertigen kann.

In einer Woche planen

Wie kann man ein Projekt planen, wenn man nur eine Woche Zeit hat? Diese Situation stellt sich für Teams häufig ein, die Festpreisangebote machen. Man erhält eine Anfrage und muss innerhalb einer Woche darauf antworten. Man hat nicht genügend Zeit, um einen kompletten Satz an Storycards zu schreiben, die man jeweils einschätzen und testen kann. Man hat nicht die Zeit, Prototypen zu erstellen, damit man die Leistungsmerkmale vor dem Hintergrund von ersten Erfahrungen einschätzen kann.

Die XP-Lösung besteht darin, mehr Risiken im Plan zu akzeptieren, indem man umfangreichere Leistungsmerkmale einbaut. Man schreibt Storycards, deren Aufwand man in Monaten idealer Programmierzeit statt in Wochen idealer Programmierzeit einschätzen kann. Man kann dem Kunden die Gelegenheit geben, Abstriche zu machen, indem er einige Storycards verkleinert oder aufschiebt, so wie man dies auch im normalen Planungsspiel tun würde.

Aufwandsschätzungen sollten auf Erfahrungswerten basieren. Anders als im Planungsspiel hat man nicht die Zeit, Erfahrungswerte zu sammeln, wenn man innerhalb einer Woche auf einen Vorschlag reagieren soll. Schätzungen beruhen dann auf Erfahrungen, die man früher bei der Erstellung ähnlicher Systeme gesammelt hat. Hat man keine einschlägigen Erfahrungen, weil man keine ähnlichen Systeme erstellt hat, dann sollte man lieber kein Festpreisangebot machen.

Sobald man den Vertrag unterzeichnet hat, sollte man zurückgehen und die Anfangsphasen des Planungsspiels spielen und auf diese Weise sofort gegenprüfen, inwieweit man in der Lage ist, den Vertrag zu erfüllen.

16 Entwicklungsstrategie

Im Unterschied zur Managementstrategie stellt die Entwicklungsstrategie eine radikale Abkehr vom traditionellen Denken dar – wir werden heute für das heutige Problem eine Lösung entwickeln und darauf vertrauen, dass wir die morgigen Probleme morgen lösen können.

XP verwendet die Metapher des Programmierens für seine Aktivitäten, d.h., alles, was man tut, sieht in gewisser Weise wie das Programmieren aus. In XP zu programmieren gleicht dem üblichen Programmieren, wobei einige Kleinigkeiten hinzugefügt werden, wie das automatisierte Testen. Wie die übrigen Elemente von XP ist die XP-Entwicklung jedoch trügerisch einfach. Sämtliche Teile lassen sich einfach erklären, aber es ist schwierig, sie auszuführen. Furcht macht sich breit. Unter Druck schleichen sich alte Gewohnheiten wieder ein.

Die Entwicklungsstrategie beginnt mit der Iterationsplanung. Fortlaufende Integration verringert Entwicklungskonflikte und sorgt für einen natürlichen Abschluss einer Entwicklungsepisode. Die gemeinsame getragene Verantwortung ermutigt das gesamte Team dazu, das gesamte System zu verbessern. Schließlich bindet das Programmieren in Paaren den gesamten Prozess zu einer Einheit zusammen.

Fortlaufende Integration

Jeder Code wird innerhalb von einigen Stunden integriert. Am Ende jeder Entwicklungsepisode wird der Code in die neueste Version integriert und alle Tests werden zu 100% fehlerfrei ausgeführt.

Im Extremfall fortlaufender Integration würde sich jede Änderung, die ein Programmierer vornimmt, sofort im Code aller anderen Programmierer widerspiegeln. Von der Infrastruktur und der Bandbreite, die dazu erforderlich wären, einmal abgesehen, würde dies nicht gut funktionieren. Während man entwickelt, tut man gerne so, als sei man der einzige Programmierer im Projekt. Man möchte mit voller Geschwindigkeit voranschreiten und die Beziehungen zwischen den Änderungen, die man selbst vornimmt, und den Änderungen, die ein anderer zufällig ausführt, ignorieren. Würden Änderungen stattfinden, die man nicht unmittelbar unter Kontrolle hat, würde das diese Illusion zerstören.

Alle paar Stunden zu integrieren (mindestens einmal am Tag) bietet die Vorteile beider Stile – einzelner Programmierer und sofortige Integration. Während Sie entwickeln, können Sie sich so verhalten, als wären Sie und Ihr Partner die einzigen Programmierer im Projekt. Sie können nach Belieben Änderungen vornehmen. Dann tauschen Sie die Rollen. Als Integrator wird Ihnen bewusst (die Tools zeigen Ihnen dies), wo Konflikte in der Definition von Klassen oder Methoden bestehen. Durch die Durchführung der Tests werden Sie auf semantische Konflikte aufmerksam.

Würde die Integration einige Stunden dauern, dann wäre es nicht möglich, so zu arbeiten. Es ist wichtig, Tools zu haben, die einen raschen Zyklus von Integration, Erstellen und Testen ermöglichen. Sie brauchen zudem eine einigermaßen vollständige Testreihe, die sich in einigen Minuten ausführen lässt. Man kann sich nicht genug bemühen, Konflikte zu lösen.

Dies ist kein Problem. Ständiges Refactoring hat den Effekt, dass das System in eine Menge kleiner Objekte und eine Menge kleiner Methoden aufgeteilt wird. Damit wird die Wahrscheinlichkeit verringert, dass zwei Programmiererpaare die gleiche Klasse oder Methode zur selben Zeit ändern. Sollte dieser Fall eintreten, lassen sich die Änderungen mit geringem Aufwand aufeinander abstimmen, da jede Änderung nur einige Stunden Entwicklungszeit bedeutet.

Ein weiterer wichtiger Grund, die Kosten fortlaufender Integration in Kauf zu nehmen, besteht darin, dass damit das Projektrisiko stark verringert wird. Wenn zwei Programmierer über das Aussehen oder das Verhalten eines Codefragments unterschiedlicher Meinung sind, dann wissen sie innerhalb von Stunden, wer Recht hat. Sie werden nicht mehr tagelang einen Bug suchen, der sich irgendwann in den letzten Wochen eingeschlichen hat. Und die Übung, die man in der Integration bekommen hat, kommt beim Erstellen des endgültigen Projekts sehr gelegen. Der »Production Build« ist dann keine große Sache mehr. Wenn es so weit ist, kann das jedes Teammitglied im Schlaf erledigen, da man es monatelang täglich geübt hat.

Fortlaufende Integration hat während der Entwicklung auch einen großen menschlichen Vorteil. Wenn man mitten in der Arbeit an einer Aufgabe steckt, hat man tausend Dinge im Kopf. Indem man bis zu einem natürlichen Schnittpunkt arbeitet – es befinden sich keine kleinen Aufgaben mehr auf der To-do-Karte – und dann integriert, bringt man einen Rhythmus in die Entwicklung. Lernen/Testen/Programmieren/Freigeben. Das ist fast so wie das Atmen. Sie entwickeln eine Idee, drücken sie aus und fügen sie dem System hinzu. Nun ist der Kopf frei, bereit für die nächste Idee.

Von Zeit zu Zeit zwingt einen die fortlaufende Integration dazu, die Implementierung einer Aufgabe in zwei Episoden aufzuteilen. Wir akzeptieren den dadurch bedingten Zusatzaufwand, nämlich uns daran erinnern zu müssen, was bereits erledigt worden ist und was noch zu tun bleibt. Mittlerweile hat man vielleicht einige Erkenntnisse darüber gewonnen, warum die erste Episode so langsam vonstatten ging. Man beginnt die nächste Episode mit etwas Refactoring und der restliche Teil der zweiten Episode verläuft viel reibungsloser.

Gemeinsame Verantwortlichkeit

Mit gemeinsamer Verantwortlichkeit ist diese anscheinend verrückte Idee gemeint, dass jeder zu jedem Zeitpunkt jedes beliebige Codeelement des Systems ändern kann. Ohne Tests wäre ein solches Vorgehen, schlicht Selbstmord. Mit den Tests und der Qualität der Tests, die man erhält, wenn man einige Monate lang sehr viele Tests geschrieben hat, kann das klappen. Es kann klappen, wenn jede Integration nur Änderungen im Umfang einiger Stunden Programmierarbeit umfasst. Das ist natürlich genau das, was wir tun werden.

Einer der Effekte gemeinsamer Verantwortlichkeit ist, dass sich komplizierter Code nicht sehr lange hält. Da jeder gewohnt ist, das gesamte System zu inspizieren, wird dieser Code eher früh als spät entdeckt. Und wenn er gefunden wird, dann wird jemand versuchen, ihn zu vereinfachen. Wenn die Vereinfachung nicht funktioniert, was durch scheiternde Tests evident wird, dann wirft man den Code weg. Auch dann wird es noch jemanden außer dem eigentlichen Programmiererpaar geben, der versteht, warum dieser Code möglicherweise so kompliziert sein muss. In der Mehrheit der Fälle funktioniert die Vereinfachung jedoch oder Teile davon funktionieren.

Gemeinsame Verantwortlichkeit trägt dazu bei, dass komplizierter Code erst gar nicht in das System eingeführt wird. Wenn man weiß, dass sich ein anderer bald (in einigen Stunden) das anschaut, was man gerade schreibt, dann überlegt man es sich zweimal, bevor man etwas Kompliziertes einfügt, was sich nicht unmittelbar rechtfertigen lässt.

Gemeinsame Verantwortlichkeit stärkt das Gefühl persönlicher Einflussnahme auf ein Projekt. In einem XP-Projekt muss man sich nie mit der Dummheit eines anderen herumärgern. Man sieht ein Hindernis und räumt es aus dem Weg. Wenn Sie entscheiden, etwas im Moment zu akzeptieren, weil es zweckmäßig ist, dann ist das Ihre Sache. Sie haben jedoch immer eine Alternative. Sie bekommen daher nie das Gefühl: »Ich könnte meine Arbeit erledigen, wenn ich mich nicht mit den Idiotien der anderen herumschlagen müsste.« Eine Frustration weniger. Ein Schritt näher an klarerem Denken.

Gemeinsame Verantwortlichkeit führt auch dazu, Wissen über das System im Team zu verteilen. Es ist unwahrscheinlich, dass es jemals einen Teil des Systems gibt, den nur zwei Leute kennen (es muss zumindest ein Paar sein, was bereits besser ist als in der herkömmlichen Situation, in der ein intelligenter Programmierer alle übrigen als Geiseln hält). Dadurch wird das Projektrisiko weiter verringert.

Programmieren in Paaren

Das Programmieren in Paaren verdient eigentlich ein eigenes Buch. Es ist eine ganz besondere Fertigkeit, eine Fertigkeit, die man den Rest seines Lebens lang einüben kann. In diesem Kapitel sehen wir uns lediglich an, welche Rolle das Programmieren in Paaren in XP spielt.

Zuerst einige Worte dazu, was das Programmieren in Paaren nicht ist. Gemeint ist damit nicht, dass eine Person programmiert, während die andere zuschaut. Einfach zuzusehen, wie jemand programmiert, ist ungefähr genauso interessant, wie dem Gras beim Wachsen zuzusehen. Das Programmieren in Paaren ist ein Dialog zwischen zwei Personen, die gleichzeitig zu programmieren (und zu analysieren, zu entwerfen und zu testen) und zu lernen versuchen, wie man besser programmiert. Es ist eine auf vielen Ebenen stattfindende Konversation, die durch einen Computer gestützt wird und sich auf einen Computer konzentriert.

Das Programmieren in Paaren ist auch keine Nachhilfestunde. Manchmal verfügt einer der Partner über mehr Erfahrung als der andere. Wenn dies zutrifft, dann sehen die ersten Sitzungen sehr nach Nachhilfestunden aus. Der Juniorpartner wird eine Menge Fragen stellen und sehr wenig tippen. Sehr rasch wird der Juniorpartner jedoch Flüchtigkeitsfehler bemerken und verhindern helfen, wie z. B. fehlende Klammern. Der Seniorpartner nimmt die Unterstützung wahr. Nach einigen Wochen beginnt der Juniorpartner die größeren Muster zu erkennen, die der erfahrene Partner verwendet, und bemerkt Abweichungen von diesen Mustern.

Nach einigen Monaten merkt man den Unterschied zwischen den Partnern in der Regel lange nicht mehr so wie am Anfang. Der Juniorpartner wird dann regelmäßiger an der Tastatur sitzen. Die beiden erkennen, dass jeder von ihnen bestimmte Stärken und Schwächen hat. Produktivität, Qualität und Zufriedenheit steigen.

Beim Programmieren in Paaren geht es nicht darum, untrennbar miteinander verbunden zu sein. Wenn Sie sich Kapitel 2, »Eine Entwicklungsepisode«, in Erinnerung rufen, dann wissen Sie, dass ich zuallererst um Hilfe gebeten habe. Manchmal sucht man einen bestimmten Partner, wenn man eine Aufgabe beginnt. Üblicher ist es jedoch, dass man einfach jemanden findet, der verfügbar ist. Und wenn beide Partner Aufgaben zu erledigen haben, dann einigt man sich darauf, am Morgen an einer Aufgabe und am Nachmittag an der anderen zu arbeiten.

Was passiert, wenn zwei Programmierer einfach nicht miteinander auskommen? Sie müssen kein Paar bilden. Wenn zwei Personen nicht miteinander arbeiten können, dann wird es für die anderen etwas schwieriger, Paare zu bilden. Liegt jedoch ein wirklich ernstes zwischenmenschliches Problem vor, dann ist es besser, einige Minuten für Partnerwechsel aufzuwenden, als einen Faustkampf zu riskieren.

Was passiert, wenn sich Leute weigern, Paare zu bilden? Sie haben die Wahl, zu lernen, wie die anderen Teammitglieder zu arbeiten, oder sich nach Arbeit außerhalb des Teams umzusehen. XP ist nicht für jeden geeignet und nicht jeder eignet sich für XP. Es ist jedoch nicht so, dass man ab dem ersten Tag in einem XP-Team als Programmierpartner arbeiten muss. Wie überall sonst auch, arbeitet man schrittweise darauf hin. Man versucht es eine Stunde lang. Wenn es nicht funktioniert, versucht man herauszufinden, was falsch lief, und versucht es nochmals eine Stunde lang.

Warum eignet sich das Programmieren in Paaren für XP? Nun, der erste Wert ist Kommunikation, und es gibt wenige Formen der Kommunikation, die intensiver sind, als sich Auge in Auge gegenüberzusitzen. Das Programmieren in Paaren eignet sich also für XP, weil es die Kommunikation fördert. Ich gebrauche gern den Vergleich mit einem Wasserbecken. Wenn jemand im Team eine wichtige neue Information findet, dann ist das so, als würde man einen Tropfen Farbstoff in ein Wasserbecken geben. Da die Paarungen ständig wechseln, wird die Information rasch im Team verbreitet, ebenso wie sich der Farbstoff rasch im Wasserbecken verteilt. Im Gegensatz zum Farbstoff wird die Information während der Verbreitung jedoch dichter, da in sie noch die Erfahrung und die Erkenntnisse aller Teammitglieder eingehen.

Meiner Erfahrung nach ist es produktiver, paarweise zu programmieren, als die Arbeit zwischen zwei Programmierern aufzuteilen und die Ergebnisse dann zusammenzuführen. Für Leute, die XP anwenden wollen, ist das Programmieren in Paaren häufig eine Hürde. Ich kann dazu nur sagen, man sollte sich darin üben und dann eine Iteration ausprobieren, bei der der ganze Produktionscode von Paaren programmiert wird, und eine andere, bei der alles von Einzelkämpfern programmiert wird. Dann kann man sich selbst ein Bild machen und entscheiden.

Auch wenn man nicht produktiver wäre, sollte man trotzdem in Paaren programmieren, da der resultierende Code von viel höherer Qualität ist. Während ein Partner fleißig tippt, denkt der andere Partner über die Strategie nach. Wohin führt diese Entwicklungslinie? Führt sie in eine Sackgasse? Gibt es eine bessere allgemeine Strategie? Gibt es eine Möglichkeit zum Refactoring?

Ein weiteres wichtiges Merkmal des Programmierens in Paaren besteht darin, dass einige der Verfahren nicht ohne es funktionieren würden. Unter Stress kehrt man wieder zu alten Verhaltensmustern zurück. Man hört auf, Tests zu schreiben. Man verschiebt das Refactoring. Gibt es allerdings einen Partner, der zuschaut, dann ist es wahrscheinlich, dass der Partner einen davon abhält, wenn man eines dieser Verfahren über Bord werfen möchte. Das soll nicht heißen, dass Paare keine Fehler machen. Paare machen sicherlich Fehler, ansonsten bräuchten sie keinen Coach. Wenn man in Paaren programmiert, dann ist es jedoch viel weniger wahrscheinlich, dass man seine Verpflichtung gegenüber dem Team ignoriert, als wenn man alleine arbeitet.

Die kommunikative Natur des Programmierens in Paaren bringt zudem den Entwicklungsprozess voran. Man lernt rasch, auf vielen verschiedenen Ebenen zu kommunizieren – dieser Code hier, jener Code irgendwo anders im System, Entwicklungsepisoden wie diese in der Vergangenheit, Systeme wie dieses aus früheren Jahren, die verwendeten Verfahren und wie man sie verbessern kann.

17 Designstrategie

Wir werden das Design des Systems fortwährend verfeinern, wobei wir mit einem sehr einfachen Design beginnen. Es soll keine unnötige Flexibilität geben.

In vielerlei Hinsicht ist dieses Kapitel am schwierigsten zu schreiben. Die Designstrategie von XP lautet, stets das einfachste Design zu verwenden, mit dem sich die aktuelle Testreihe fehlerfrei ausführen lässt.

Nun, das ging ja noch. Was ist an Einfachheit falsch? Was ist mit Testreihen nicht in Ordnung?

Die einfachste Lösung

Wir wollen einen Schritt zurücktreten und uns dieser Antwort langsam nähern. Alle vier Werte tragen zu dieser Strategie bei:

- *Kommunikation* – Ein kompliziertes Design lässt sich schwieriger vermitteln als ein einfaches. Wir sollten daher eine Designstrategie verfolgen, die ein möglichst einfaches Design ermöglicht, das mit den übrigen Zielen konsistent ist. Andererseits sollten wir eine Designstrategie verfolgen, die kommunikative Designs fördert, bei denen Designelemente einem Leser über wichtige Aspekte des Systems Aufschluss geben.
- *Einfachheit* – Wir sollten eine Designstrategie verfolgen, die nicht nur ein einfaches Design ergibt, sondern selbst auch einfach ist. Das heißt nicht, dass diese Strategie einfach zu verfolgen sein muss. Gutes Design ist nie einfach. Aber der Ausdruck dieser Strategie sollte einfach sein.
- *Feedback* – Bevor ich begann, XP zu praktizieren, hatte ich beim Entwurf eines Designs immer das Problem, dass ich nicht wusste, wann ich richtig und wann ich falsch lag. Je länger ich an einem Design arbeitete, desto schwerer wog dieses Problem. Ein einfaches Design löst dieses Problem, da es rasch entworfen wird. Anschließend schreibt man den Code und prüft, ob das Design funktioniert.
- *Mut* – Was ist mutiger, als die Designphase möglichst kurz zu halten und darauf zu vertrauen, dass man bei Bedarf im richtigen Moment mehr hinzufügen kann?

Wenn wir uns an diese Werte halten, dann müssen wir

- eine Designstrategie entwerfen, die in einem einfachen Design resultiert
- einen raschen Weg finden, seine Qualität zu überprüfen

- unsere Erfahrungen in das Design einfließen lassen
- die Zeitdauer dieses Prozesses auf ein Minimum reduzieren

Die Grundprinzipien haben auch Einfluss auf die Designstrategie.

Kleine Anfangsinvestition – Wir sollten anfangs möglichst wenig in das Design investieren, bevor es sich auszahlt.

Einfachheit anstreben – Wir sollten unterstellen, dass das einfachste Design, von dem wir uns vorstellen können, dass es funktioniert, tatsächlich funktioniert. Dies gibt uns die Zeit, gründlich zu arbeiten, falls das einfachste Design nicht funktioniert. In der Zwischenzeit müssen wir nicht die Kosten zusätzlicher Komplexität tragen.

Inkrementelle Veränderungen – Die Designstrategie wird mit allmählichen Veränderungen arbeiten. Wir werden das Design schrittweise entwickeln. Es wird keinen Zeitpunkt geben, zu dem das System ein »fertiges Design« hat. Dieses Design kann jederzeit geändert werden, obwohl es Teile im System geben wird, die eine Weile unverändert bleiben.

Mit leichtem Gepäck reisen – Die Designstrategie sollte kein »überflüssiges« Design produzieren. Das Design sollte den aktuellen Anforderungen genügen (der Anforderung nach Qualitätsarbeit), aber nicht mehr bieten. Wenn wir Veränderungen begrüßen, dann sind wir gewillt, einfach zu beginnen und das Design immer weiter zu verfeinern.

XP widerspricht den Instinkten vieler Programmierer. Als Programmierer sind wir es gewohnt, Probleme zu erwarten. Wenn sich die Probleme später einstellen, dann sind wir froh. Falls sie ausbleiben, bemerken wir es nicht. Die Designstrategie muss daher diese Angewohnheit »Annahmen über die Zukunft zu machen« umgehen. Glücklicherweise können es sich die meisten Leute abgewöhnen, »Probleme zu erfinden« (wie es meine Großmutter nannte). Leider wird es umso schwieriger, sich dies abzugewöhnen, je intelligenter man ist.

Man kann diese Angelegenheit auch unter der Frage betrachten: »Wann fügt man mehr Design hinzu?« Eine übliche Antwort lautet, dass man ein Design für die Zukunft entwerfen sollte (siehe Abbildung 17.1).

Diese Strategie funktioniert, wenn sich nichts zwischen dem aktuellen und einem späteren Zeitpunkt ändert. Wenn man genau weiß, was passieren wird, und man genau weiß, wie ein Problem zu lösen ist, dann ist es im Allgemeinen besser, das hinzuzufügen, was man jetzt braucht, und auch das hinzuzufügen, was man später braucht.

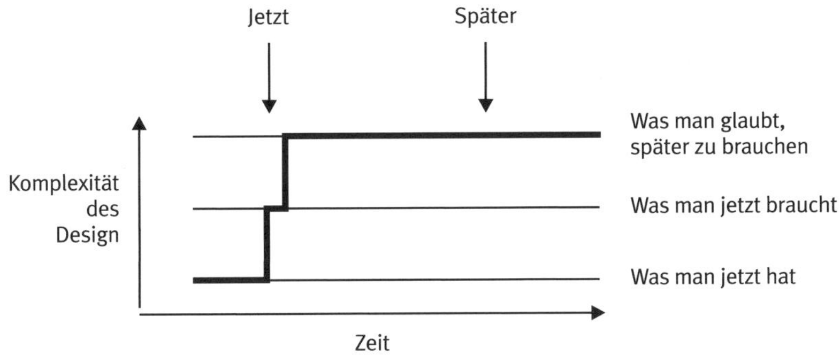

Abbildung 17.1 Wenn die Kosten von Änderungen mit der Zeit drastisch ansteigen

Problematisch ist an dieser Strategie deren Unsicherheit:

- Manchmal kommt es nie zu dem späteren Zeitpunkt (das im Vorhinein entworfene Leistungsmerkmal wird vom Kunden gestrichen).
- Manchmal findet man zwischen heute und einem späteren Zeitpunkt heraus, wie man das Problem besser lösen kann.

In beiden Fällen muss man wählen, ob man die Kosten für das Entfernen der zusätzlichen Designelemente oder die laufenden Kosten für die Beibehaltung eines komplizierteren Designs, das aktuell keinen Nutzen bringt, übernehmen will.

Ich werde nie ausschließen, dass Änderungen vorkommen, und ich werde sicherlich nie die Möglichkeit ausschließen, dass ich etwas dazulernen werde. In diesem Fall müssen wir das Bild abändern, damit es widerspiegelt, dass wir heute ein Design für die Anforderungen von heute entwerfen und morgen eines für die Probleme von morgen, wie es Abbildung 17.2 zeigt.

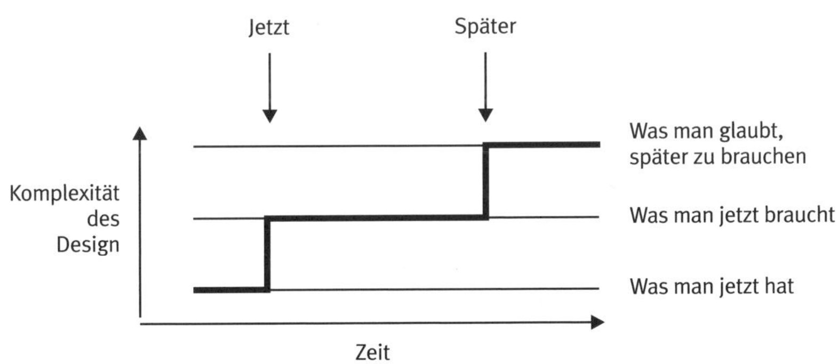

Abbildung 17.2 Wenn die Änderungen kostengünstig bleiben

Dies führt zu folgender Strategie.

1. Man beginnt mit einem Test, damit man weiß, wann man fertig ist. Wir müssen ein bestimmtes Maß an Design entwerfen, damit wir den Test schreiben können: Welche Objekte gibt es und welche sichtbaren Methoden haben diese Objekte?

2. Man entwirft und implementiert gerade so viel, um den Test zum Laufen zu bringen. Man muss das Design der Implementierung in ausreichendem Umfang entwerfen, um diesen Test und alle vorherigen Tests ausführen zu können.

3. Man wiederholt diese Schritte.

4. Wenn man eine Möglichkeit sieht, das Design zu vereinfachen, tut man dies. Im nachfolgenden Abschnitt »Was ist das Einfachste?« finden Sie eine Definition der hier anzuwendenden Prinzipien.

Diese Strategie mag lächerlich einfach aussehen. Sie ist einfach, sie ist jedoch nicht lächerlich. Damit lassen sich umfangreiche, ausgeklügelte Systeme erstellen. Allerdings ist dies nicht einfach. Nicht ist schwieriger, als mit einem knappen Terminplan zu arbeiten und sich trotzdem die Zeit zu nehmen, hinter sich aufzuräumen.

Wenn man auf diese Weise ein Design entwirft, wird man etwas beim ersten Mal auf eine sehr einfache Weise implementieren. Wenn man es dann das zweite Mal verwendet, wird man es allgemeiner gestalten. Der erste Einsatz bringt nur das, was unbedingt erforderlich ist. Der zweite Einsatz bringt Flexibilität. Auf diese Weise investiert man nie in Flexibilität, die nicht benötigt wird, und man macht das System dort flexibel, wo es für die dritte, vierte und fünfte Variation flexibel sein muss.

Wie funktioniert das Design durch Refactoring?

Diese Designstrategie wirkt während der Ausführung seltsam. Wir nehmen unseren ersten Testfall. Wir sagen: »Wenn wir nur diesen einen Testfall implementieren müssten, dann bräuchten wir nur ein Objekt mit zwei Methoden.« Wir implementieren das Objekt und die beiden Methoden. Und damit sind wir fertig. Unser ganzes Design besteht aus einem Objekt -etwa eine Minute lang.

Dann nehmen wir uns den nächsten Testfall vor. Wir können für eine Lösung einfach drauflosprogrammieren oder wir können das vorhandene Objekt in zwei Objekte umstrukturieren. Zur Implementierung des Testfalls würde dann eines dieser Objekte ersetzt werden. Daher strukturieren wir zuerst um, dann führen wir den ersten Testfall aus, um sicherzustellen, dass er funktioniert, und dann implementieren wir den nächsten Testfall.

Nach ein oder zwei Tagen ist das System dann groß genug, dass man sich vorstellen kann, wie zwei Teams daran arbeiten, ohne sich ständig gegenseitig in die Quere zu kommen. Wir erhalten damit also zwei Paare, die gleichzeitig Testfälle implementieren und regelmäßig (alle paar Stunden) ihre Änderungen integrieren. Nach einem weiteren Tag oder zwei kann das System das gesamte Team dabei unterstützen, auf diese Art zu entwickeln.

Von Zeit zu Zeit wird das Team das Gefühl haben, dass es sich verfahren hat. Vielleicht hat man eine konsistente Abweichung von den Aufwandsschätzungen gemessen. Vielleicht bekommen die Teammitglieder ein flaues Gefühl im Magen, wenn sie wissen, dass sie einen bestimmten Teil des Systems ändern müssen. Ist dies der Fall, ruft jemand: »Die Zeit ist abgelaufen.« Das Team setzt sich einen Tag lang zusammen und strukturiert das gesamte System um, indem es eine Kombination aus CRC-Karten, Skizzen und Refactoring einsetzt.

Nicht jedes Refactoring lässt sich innerhalb weniger Minuten bewältigen. Wenn Sie entdecken, dass Sie eine große verworrene Vererbungshierarchie geschaffen haben, dann kann ein Monat konzentrierter Arbeit erforderlich sein, diese zu entwirren. Sie können aber keinen Monat konzentrierter Arbeit erübrigen. Sie müssen Leistungsmerkmale für diese Iteration liefern.

Wenn umfangreiches Refactoring ansteht, dann geht man es in kleinen Schritten an (inkrementelle Veränderungen auch hier). Sie befinden sich vielleicht mitten in der Arbeit an einem Testfall und sehen eine Möglichkeit, sich einen weiteren Schritt Ihrem großen Ziel zu nähern. Machen Sie diesen Schritt. Verlagern Sie eine Methode hier und eine Variable dort. Schließlich bleibt von dem umfangreichen Refactoring nur noch eine kleine Aufgabe übrig. Die können Sie dann in wenigen Minuten erledigen.

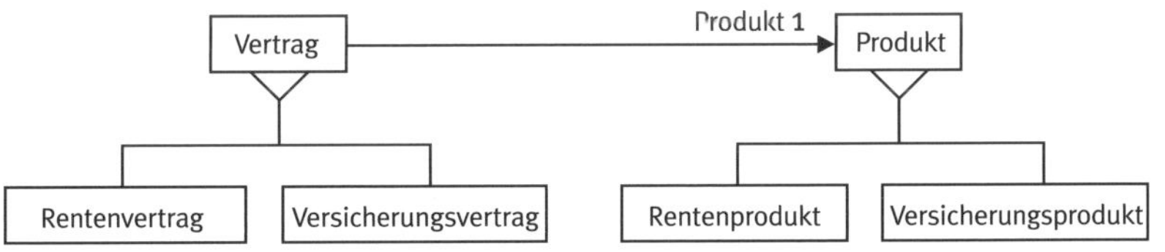

Abbildung 17.3 Modell für einen Vertrag mit Unterklassen für Versicherungsvertrag und Rentenvertrag, der sich auf ein Produkt mit den Unterklassen Versicherungsprodukt und Rentenprodukt bezieht

Ich habe bei einem System zur Verwaltung von Versicherungsverträgen Erfahrungen im schrittweisen Refactoring gesammelt. Das System hatte die in Abbildung 17.3 gezeigte Hierarchie.

Dieses Design verstößt gegen die Regel »Einmal und nur einmal«. Daher begannen wir, auf das in Abbildung 17.4 dargestellte Design hinzuarbeiten.

In dem Jahr, in dem ich an diesem System arbeitete, haben wir uns in kleinen Schritten auf das gewünschte Design zubewegt. Wir verlagerten die Verantwortlichkeiten der Vertragsunterklassen auf die Funktion- oder die Produktunterklassen. Am Ende meines Vertrags hatten wir die Vertragsunterklassen immer noch nicht eliminiert, aber sie waren viel schlanker als am Anfang und eindeutig auf dem Weg nach draußen. In der Zwischenzeit implementierten wir neue Funktionalität.

Und das ist es. So entwerfen Sie in XP ein Design. Aus der XP-Perspektive ist Design nicht, eine Reihe von Bildern zu zeichnen und das System dann so zu implementieren, dass es diesen Bildern entspricht. Das wäre so, als würde man mit dem Auto lediglich stur geradeaus fahren. Die Fahrstunde legt einen anderen Designstil nahe – man lässt das Auto an, dann lenkt man etwas in diese Richtung, dann etwas in jene, dann wieder in diese.

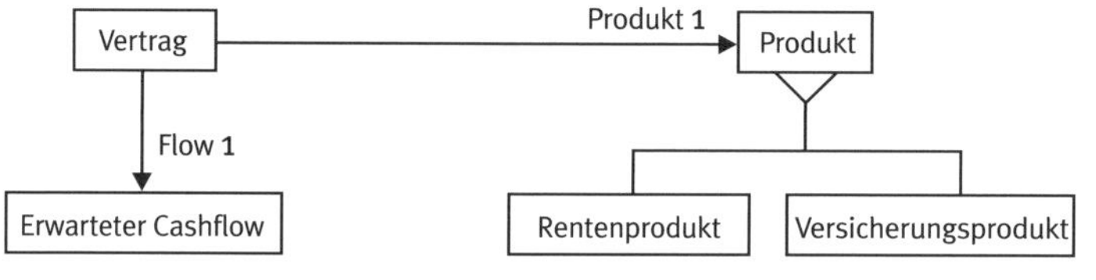

Abbildung 17.4 Vertrag bezieht sich auf eine Funktion, hat aber keine Unterklassen

Was ist das Einfachste?

Das beste Design ist also definiert als das einfachste Design, das alle Testfälle besteht. Der Nutzen dieser Definition hängt ab von der Frage, was mit dem Einfachsten gemeint ist.

Ist das einfachste Design das mit den wenigsten Klassen? Dies würde zu Objekten führen, die zu groß wären, um effizient zu sein. Ist das einfachste Design das mit den wenigsten Methoden? Dies würde zu umfangreichen Methoden und Redundanzen führen. Ist das einfachste Design das mit den wenigsten Codezeilen? Dies würde dazu führen, dass man sich um der Knappheit willen kurz fasst, und einen Kommunikationsverlust bedeuten.

Mit dem Einfachsten meine ich Folgendes – vier Bedingungen, die ihrem Stellenwert nach nach absteigend aufgeführt sind:

1. Das System (Code und Tests zusammengenommen) müssen all das vermitteln, was man aussagen will.
2. Das System darf keinen redundanten Code enthalten (Punkt 1 und 2 ergeben zusammen die Regel »Einmal und nur einmal«).
3. Das System soll die minimale Anzahl von Klassen haben.
4. Das System soll die minimale Anzahl von Methoden haben.

Zweck des Systemdesigns ist es erstens, die Absicht der Programmierer zu vermitteln, und zweitens, der Logik des Systems einen Lebensraum zu geben. Die oben genannten Bedingungen stellen einen Rahmen zur Verfügung, der diese beiden Anforderungen erfüllt.

Wenn man das Design als Kommunikationsmittel betrachtet, dann wird man für jedes wichtige Konzept Objekte und Methoden definieren. Man wird die Namen der Klassen und Methoden so wählen, dass sie sich ergänzen.

Zum einen ist man zur Kommunikation gezwungen, zum anderen muss man eine Möglichkeit finden, sämtliche logischen Redundanzen aus dem System zu entfernen. Dies ist für mich der schwerste Teil des Designs, da man zuerst Redundanzen aufspüren muss und dann einen Weg finden muss, diese zu entfernen. Das Entfernen von Redundanzen führt dazu, dass man eine Menge kleiner Objekte und Methoden erhält – alles andere führt unweigerlich zu Redundanzen.

Man erstellt aber nicht einfach zum Spaß neue Objekte und Methoden. Sollten Sie jemals auf eine Klasse oder eine Methode stoßen, die nichts tut und nichts vermittelt, dann löschen Sie sie.

Man kann diesen Prozess auch als Löschvorgang betrachten. Man hat ein System, das Testfälle ausführt. Sie löschen alles, was nicht zweckmäßig ist, also keinen kommunikativen oder programmtechnischen Zweck erfüllt. Übrig bleibt dann die einfachste Lösung.

Wie kann das funktionieren?

Die traditionelle Strategie dafür, die Softwarekosten mit der Zeit zu reduzieren, besteht darin, die Wahrscheinlichkeit und die Kosten von Überarbeitungen zu verringern. XP verfolgt den genau umgekehrten Weg. Statt die Häufigkeit von Überarbeitungen zu reduzieren, ergeht sich XP in Überarbeitungen. Ein Tag ohne Refactoring ist wie ein Tag ohne Sonnenschein. Wieso kann das weniger kosten?

Der Schlüssel ist, dass nicht nur Zeit Geld ist, sondern dass auch Risiko Geld ist. Wenn man heute ein Designelement hinzufügt und es morgen verwendet, dann stellt das einen Gewinn dar, da es weniger kostet, es heute hinzuzufügen. In Kapitel 3, »Die Ökonomie der Softwareentwicklung«, wird jedoch behauptet, dass diese Bewertung nicht vollständig ist. Wenn es genügend Unsicherheit gibt, ist der Wert der Option des Abwartens so hoch, dass sich das Warten lohnt.

Das Design ist nicht kostenlos. Das System wird aufwändiger, wenn man heute zusätzliche Designelemente einbaut. Es gibt mehr zu testen, mehr zu verstehen und mehr zu erklären. Daher zahlt man jeden Tag nicht nur Zinsen für das Geld, das man ausgibt, sondern auch eine kleine Designabgabe. Wenn man dies im Kopf behält, kann der Unterschied zwischen der heutigen Investition und der Investition von morgen viel größer sein und es ist trotzdem ratsam, morgen das Design für die Probleme von morgen zu entwerfen.

Schlimmer ist noch das Risiko. Wie in Kapitel 3 erläutert wurde, ist es praktisch unmöglich, die Kosten von etwas einzuschätzen, was morgen passiert. Man muss zudem die Wahrscheinlichkeit berücksichtigen, mit der das betreffende Ereignis eintreten kann. Ich rate wirklich gern und liege damit nicht häufiger daneben als irgendein anderer; ich habe jedoch entdeckt, dass ich weit weniger häufig richtig tippe, als ich dachte. Häufig enthielt das wunderbare Design, das ich letztes Jahr entwarf, fast überhaupt keine richtigen Vermutungen. Ich musste das gesamte Design überarbeiten und das dauerte häufig zwei oder drei Wochen.

Die Kosten für eine heute getroffene Designentscheidung umfassen daher die Kosten der Entscheidungsfindung plus den Zins für diesen Investitionsbetrag plus die Trägheit, die das System dadurch gewinnt. Der Vorteil, heute eine Designentscheidung zu treffen, besteht in dem erwarteten Wert, den die Entscheidung erhält, wenn das Design in der Zukunft Gewinn bringend verwendet wird.

Wenn die Kosten für die heutige Entscheidung hoch sind, wenn die Wahrscheinlichkeit ihrer Verwendung gering ist und wenn die Wahrscheinlichkeit hoch ist, dass man morgen eine bessere Alternative kennt, und wenn die Kosten für das Hinzufügen des Designs morgen niedrig sind, dann liegt die Schlussfolgerung nahe, dass wir niemals eine Designentscheidung zu einem Zeitpunkt treffen sollenzu dem man sie nicht auch braucht. Das ist in der Tat die Schlussfolgerung, zu der XP kommt. »Die Probleme, die heute bestehen, genügen.«

Einige Faktoren können die obige Bewertung null und nichtig machen. Wenn die Kosten dafür, die Änderung morgen durchzuführen, sehr viel höher sind, dann sollten wir die Entscheidung heute in der Hoffnung treffen, auch die richtige Entscheidung getroffen zu haben. Wenn das System eine genügend geringe Trägheit hat (z.B. wenn wirklich intelligente Leute im Team sind), dann hat das

Just-in-Time-Design weniger Vorzüge. Wenn man wirklich ausgezeichnet raten kann, dann sollte man das gesamte System heute entwerfen. In allen anderen Fällen sehe ich jedoch keine Alternative zu der Schlussfolgerung, dass man heute an dem Design für heute und morgen an dem Design für morgen arbeiten soll.

Rolle der Bilder im Design

Und was ist mit den hübschen Bildern von Design und Analyse? Manche Leute können ihr Design besser in Form von Bildern als in Code ausdrücken. Was kann eine visuell ausgerichtete Person zum Design beitragen?

Erstens ist es ganz in Ordnung, das Softwaredesign mithilfe expliziter Bilder statt rein mentaler oder textueller Modelle des Systems zu entwerfen, und zum anderen spricht viel für einen grafischen Ansatz. Schwierigkeiten beim Zeichnen der Bilder können Hinweise darauf geben, wie ausgereift ein Design ist. Falls es unmöglich ist, die Anzahl der Elemente auf ein verwaltbares Maß zu reduzieren, falls es eine offensichtliche Asymmetrie gibt, falls es viel mehr Linien als Kästen gibt, dann sind dies alles Hinweise auf ein schlechtes Design, die aus der grafischen Darstellung des Designs hervorgehen.

Eine weitere Stärke des Designs mithilfe von Bildern ist seine Geschwindigkeit. In der Zeit, die man dazu brauchen würde, ein Design zu kodieren, kann man drei Designs mithilfe von Bildern vergleichen und einander gegenüberstellen.

Problematisch an Bildern ist jedoch, dass sie kein konkretes Feedback geben. Sie geben bestimmte Arten von Feedback über das Design, aber sie isolieren einen von den anderen. Leider sind die Feedbacks, von denen Bilder uns isolieren, genau die diejenigen, von denen man am meisten lernt. Wird dieser Testfall laufen? Fördert dieses Design einfachen Code? Dies sind Feedbacks, die man nur durch das Programmieren erhalten kann.

Einerseits kann man schnell arbeiten, wenn man Bilder verwendet, und andererseits geht man damit ein Risiko ein. Wir brauchen eine Strategie, die uns die Stärken des grafischen Ansatzes nutzbar macht und gleichzeitig dessen Schwächen verringert.

Wir stehen aber nicht allein da. Wir haben die Prinzipien, die uns führen können. Sehen wir uns das einmal an.

- *Kleine Anfangsinvestition* – legt nahe, dass wir nur wenige Bilder auf einmal zeichnen.
- *Spielen, um zu gewinnen* – legt nahe, dass wir Bilder nicht aus Angst verwenden (z.B. weil wir den Moment hinauszögern wollen, an dem wir zugeben müssen, dass wir nicht wissen, wie das Design aussehen soll).

- *Unmittelbares* Feedback – legt nahe, dass wir rasch herausfinden, ob unsere Bilder zutreffend sind oder nicht.
- *Die Instinkte der Mitarbeiter nutzen, nicht dagegen arbeiten* – legt nahe, dass wir diejenigen, die am besten mit Bildern arbeiten, dazu ermuntern, Bilder zu liefern.
- *Veränderungen wollen und mit leichtem Gepäck reisen* – legt nahe, dass wir die Bilder nicht aufheben, nachdem sie sich im Code niedergeschlagen haben, da die Entscheidungen, die diese Bilder repräsentieren, sich morgen wahrscheinlich sowieso ändern werden.

Die XP-Strategie besteht darin, dass jeder nach Herzenslust mit Bildern ein Design entwerfen kann, aber sobald sich eine Frage ergibt, die sich nur durch Code beantworten lässt, müssen die Designer sich dem Programmieren zuwenden, um diese Frage zu beantworten. Die Bilder werden nicht aufgehoben. Beispielsweise könnten die Bilder auf eine Tafel gezeichnet werden. Wenn man sich wünscht, man könnte die Tafel aufheben, dann ist das ein sicheres Anzeichen dafür, dass das Design entweder dem Team oder dem System gegenüber nicht richtig vermittelt wurde.

Falls es Quellcode gibt, der sich am besten in Bildern ausdrücken lässt, dann sollte man ihn auch in Bildern ausdrücken, bearbeiten und pflegen. CASE-Tools, die Ihnen die Möglichkeit geben, das gesamte Verhalten eines Systems festzulegen, sind in Ordnung. Man mag das, was diese Tools leisten, »Codegenerierung« nennen, aber für mich sieht es ganz nach einer Programmiersprache aus. Ich habe nichts gegen Bilder einzuwenden, sondern dagegen, dass man versucht, mehrere Formen derselben Information auf dem gleichen Stand zu halten.

Wenn Sie eine textuelle Programmiersprache einsetzen und diesen Rat befolgen, dann werden Sie nie mehr als 10 bis 15 Minuten für das Zeichnen von Bildern aufwenden. Dann wissen Sie, welche Fragen Sie dem System stellen müssen. Nachdem Sie die Antwort erhalten haben, zeichnen Sie einige weitere Bilder, bis Sie wieder auf eine Frage stoßen, die eine konkrete Antwort erfordert.

Derselbe Rat gilt für andere Designnotationen wie CRC-Karten, die nicht mit Programmcode arbeiten. Verwenden Sie sie einige Minuten lang, bis Sie eine Frage herausgearbeitet haben, dann wenden Sie sich dem System zu, um das Risiko gering zu halten, dass Sie sich etwas vorgemacht haben.

Systemarchitektur

Ich habe im obigen Abschnitt nicht den Begriff der Architektur gebraucht. Die Architektur ist in XP-Projekten genauso wichtig wie in jedem anderen Softwareprojekt. Ein Teil der Architektur wird durch die Metapher ausgedrückt. Wenn man eine gute Metapher gefunden hat, dann kann jeder im Team sagen, wie das System als Ganzes funktioniert.

Der nächste Schritt besteht darin, herauszufinden, wie sich die Storycard in Objekte verwandeln lässt. Die Regeln des Planungsspiels besagen, dass es sich beim Ergebnis der ersten Iteration um ein funktionierendes Grundgerüst des gesamten Systems handeln muss. Aber dann muss man immer noch das einfachste funktionierende Grundgerüst entwerfen. Wie kann man diese beiden Anforderungen miteinander vereinen?

Für die erste Iteration wählt man eine Reihe einfacher, grundlegender Leistungsmerkmale (Storycards) aus, von denen man erwartet, dass sie dazu zwingen, die gesamte Architektur zu erstellen. Dann verengt man seinen Horizont und implementiert diese Leistungsmerkmale auf die einfachste funktionierende Weise. Am Ende dieser Übung hat man die Architektur. Es mag nicht die Architektur sein, die man erwartet hat, aber auf jeden Fall hat man dann etwas gelernt.

Was passiert, wenn man nicht die Menge von Leistungsmerkmalen findet, die dazu zwingt, jene Architektur zu entwerfen, von der man absolut sicher weiß, dass man sie braucht? Dann kann man die gesamte Architektur anhand von Spekulationen implementieren oder man erstellt gerade so viel von der Architektur, wie zur Erfüllung der aktuellen Anforderungen nötig ist, und vertraut darauf, dass man die Architektur später ergänzen kann. Ich implementiere die Architektur, die ich im Moment benötige, und vertraue auf meine Fähigkeit, sie später ändern zu können.

18 Teststrategie

Wir werden Minute für Minute testen, bevor wir programmieren. Wir werden diese Tests ewig lange aufheben und sie alle zusammen immer wieder ausführen. Wir werden zudem Tests aus der Perspektive des Kunden schreiben.

Oh je! Niemand möchte über das Testen reden. Testen ist das hässliche Stiefkind der Softwareentwicklung. Das Problem ist nur, dass jeder weiß, wie wichtig das Testen ist. Jeder weiß, dass man nicht genug testen kann. Und wir spüren es – unsere Projekte verlaufen nicht so reibungslos, wie sie sollten, und wir haben den Eindruck, durch vermehrtes Testen könnte man dem Problem beikommen. Aber dann lesen wir ein Buch zum Thema Testen und verzetteln uns sofort in den vielen Arten und Methoden des Testens. Es ist völlig unmöglich, all das zu tun und in der Entwicklung weiterzukommen.

Folgendermaßen sieht das Testen in XP aus. Wenn ein Programmierer Code schreibt, dann geht er immer davon aus, dass er funktioniert. Jedes Mal also, wenn der Programmierer denkt, sein Code wird funktionieren, dann nimmt er dieses Vertrauen aus dem Nichts und verwandelt es in etwas, das in das Programm einfließt. Das Vertrauen ist für seine eigenen Zwecke da. Und da es in das Programm eingeflossen ist, können auch alle anderen es nutzen.

Dasselbe gilt für den Kunden. Jedes Mal, wenn dem Kunden etwas Konkretes einfällt, was das Programm leisten sollte, dann verwandelt er es in ein Stück Vertrauen, das in das Programm eingeht. Jetzt befinden sich dort das Vertrauen des Kunden und das Vertrauen des Programmierers. Das Programm erhält einfach immer mehr Vertrauen.

Jetzt sieht sich ein Tester das Testverfahren in XP an und schmunzelt. Dies ist nicht das Werk von jemandem, der gerne testet. Ganz im Gegenteil. Es ist das Werk von jemandem, der gerne Programme zum Laufen bringt. Man sollte daher die Tests schreiben, die dazu beitragen, Programme zum Laufen zu bringen und am Laufen zu erhalten. Nicht mehr.

Erinnern Sie sich an das Prinzip »Instinkte nutzen, nicht dagegen arbeiten«? Das ist der Grundfehler in den Büchern zum Thema Testen, die ich gelesen habe. Sie beginnen mit der Prämisse, dass Testen im Mittelpunkt der Entwicklung steht. Man muss diesen Test durchführen und jenen Test und dann noch diesen da. Wenn wir wollen, dass Programmierer und Kunden Tests schreiben, dann gestalten wir den Vorgang besser so einfach wie möglich, wobei wir davon ausgehen, dass die Tests ein Instrumentarium bilden und das Verhalten des Systems, das mit diesen Instrumenten bearbeitet wird, jedem am Herzen liegt und nicht die Tests an sich. Wäre es möglich, ohne Tests zu entwickeln, dann würden wir sofort alle Tests über Bord werfen.

Massimo Arnoldini schreibt:

Leider gilt wenigstens für mich (und nicht nur für mich), dass das Testen der menschlichen Natur widerspricht. Wenn Sie auf Ihren inneren Schweinehund hören, dann werden Sie bald ohne Tests programmieren. Nach einer Weile, wenn Ihre rationale Seite die Oberhand gewinnt, halten Sie inne und beginnen, Tests zu schreiben. Sie haben zudem erwähnt, dass das Programmieren in Paaren die Wahrscheinlichkeit verringert, dass beide Partner gleichzeitig auf ihren inneren Schweinehund hören. (Quelle: E-Mail)

Die Tests, die man in XP schreibt, sind isoliert und automatisiert.

Erstens interagiert nicht jeder Test mit den anderen Tests, die man schreibt. Auf diese Weise wird das Problem vermieden, dass ein Test fehlschlägt und hundert andere Fehler nach sich zieht. Nichts entmutigt mehr beim Testen als falsche Fehlermeldungen. Man bekommt diesen Adrenalinstoß, wenn man morgens ins Büro kommt und einen Stapel von Fehlermeldungen vorfindet. Wenn sich dann herausstellt, dass es gar nicht so schlimm ist, dann ist das eine große Enttäuschung. Wird man den Tests weiterhin die nötige Beachtung schenken, wenn sich das Ganze danach noch fünf oder sechs Mal wiederholt? Sicher nicht.

Die Test sind also automatisiert. Tests sind wertvoller, wenn das Team überarbeitet ist und das menschliche Urteilsvermögen aussetzt. Daher müssen die Tests automatisiert sein und nicht mehr als eine positive oder negative Anzeige liefern, ob sich das System wie erwartet verhält.

Es ist unmöglich, absolut alles zu testen, wenn die Tests nicht genauso kompliziert und fehleranfällig wie der Code werden sollen. Es ist Selbstmord, nichts zu testen (im Sinne isolierter automatisierter Tests). Was soll man also von all dem testen, was man theoretisch testen könnte?

Man sollte all das testen, in das sich Fehler einschleichen können. Wenn der Code so einfach ist, dass er unmöglich Fehler beinhalten kann, und man festgestellt hat, dass dieser Code in der Praxis tatsächlich fehlerfrei läuft, dann sollte man keinen Test dafür schreiben. Wenn ich Ihnen sagen würde, Sie müssten absolut alles testen, dann würden Sie bald feststellen, dass ein Großteil der Tests, die Sie schreiben, wertlos sind, und wenn Sie mir ein wenig ähnlich sind, dann würden Sie aufhören, diese Tests zu schreiben. »Diese Herumtesterei ist für nichts und wieder nichts.«

Testen ist eine Wette. Die Wette zahlt sich aus, wenn Ihre Erwartungen nicht erfüllt werden. Testen kann sich z.B. lohnen, wenn ein Test fehlerfrei läuft, von dem Sie dies nicht erwartet hätten. Sie finden dann besser heraus, warum er läuft, da der Code intelligenter ist, als Sie es sind. Das Testen zahlt sich auch dann aus, wenn ein Test nicht läuft, von dem Sie erwartet haben, dass er fehlerfrei ausgeführt wird. In beiden Fällen lernen Sie etwas. Und Softwareentwicklung ist Lernen. Je mehr Sie lernen, desto besser entwickeln Sie.

Wenn man könnte, würde man also nur die Tests schreiben, die sich auszahlen. Da man nicht wissen kann, welche Tests sich lohnen (wenn man es wüsste, dann könnte man nichts mehr lernen), schreibt man Tests, die sich lohnen könnten. Während man testet, denkt man darüber nach, welche Art von Tests sich auszuzahlen scheinen und welche nicht, und man schreibt mehr Tests von der Sorte, die sich auszahlen, und weniger von der Sorte, die sich nicht auszahlen.

Wer schreibt Tests?

Wie ich am Beginn dieses Kapitels ausführte, kommen die Tests von zwei Quellen:

- Programmierer
- Kunden

Die Programmierer schreiben Tests für einzelne Methoden. Sie schreiben einen Test unter den folgenden Bedingungen:

- Wenn die Schnittstelle für eine Methode völlig unklar ist, schreibt man einen Test, bevor man die Methode schreibt.
- Wenn die Schnittstelle klar ist, aber man den Eindruck hat, die Implementierung könnte etwas kompliziert werden, dann schreibt man einen Test, bevor man die Methode schreibt.
- Wenn man sich ungewöhnliche Umstände vorstellen kann, unter denen der Code wie geschrieben funktionieren soll, dann schreibt man einen Test, um diese Umstände darzustellen.
- Wenn man später ein Problem entdeckt, schreibt man einen Test, um das Problem zu isolieren.
- Wenn man vorhat, Code zu überarbeiten, und nicht ganz sicher ist, wie sich der Code verhalten sollte, und es keinen Test für das betreffende Verhalten gibt, dann schreibt man zuerst einen Test.

Die von den Programmierern geschriebenen Komponententests müssen stets 100% fehlerfrei laufen. Wenn ein Komponententest scheitert, dann gibt es im Team keine wichtigere Aufgabe, als diese Tests zum Laufen zu bringen. Der Grund dafür ist, dass man für die Korrektur des Codes eine unbekannte Menge an Arbeit aufwenden muss, wenn ein Test gescheitert ist. Die Korrektur ist möglicherweise in einer Minute erledigt. Es kann aber auch einen Monat dauern. Man weiß es einfach nicht. Und weil die Programmierer die Erstellung und Ausführung der Komponententests kontrollieren, können sie die Tests stets mit dem Quellcode synchronisieren und auf dem aktuellsten Stand halten.

Die Kunden schreiben Tests für einzelne Leistungsmerkmale (Storycards). Sie müssen sich folgende Frage stellen: »Was muss überprüft werden, bevor ich sicher sein kann, dass dieses Leistungsmerkmal implementiert wurde?« Jedes Szenario, das ihnen einfällt, wird zu einem Test, in diesem Fall einem Funktionstest.

Die Funktionstests werden nicht unbedingt stets zu 100% fehlerfrei ausgeführt. Diese Tests stammen aus einer anderen Quelle und ich habe bislang noch kein Verfahren gefunden, mit dem sich diese Tests auf dieselbe Weise mit dem Code synchronisieren lassen wie die Komponententests. Während das Maß der Komponententests binär ist (100% oder Scheitern), basiert das Maß der Funktionstests notwendigerweise auf Prozentanteilen. Mit der Zeit kann man erwarten, dass die Funktionstests eine Quote von nahezu 100% erreichen. Wenn der Freigabetermin naht, muss der Kunde die scheiternden Funktionstests kategorisieren. Einige sind wichtiger und müssen eher korrigiert werden als andere.

Die Kunden können die Funktionstests normalerweise nicht selbst programmieren. Ihnen muss von jemandem geholfen werden, der ihre Testangaben zuerst in Tests übersetzen und mit der Zeit Tools erstellen kann, mit denen die Kunden ihre eigenen Tests schreiben, ausführen und pflegen können. Aus diesem Grund umfasst ein XP-Team beliebiger Größe mindestens einen Tester. Aufgabe des Testers ist es, die etwas vagen Testideen der Kunden in reale, automatisierte und isolierte Tests zu übersetzen. Der Tester verwendet auch die vom Kunden angeregten Tests als Ausgangspunkt für Variationen, die möglicherweise Mängel der Software aufdecken können.

Auch wenn man einen eigens dafür eingestellten Tester hat, jemanden, dem es Spaß macht, die Mängel einer Software aufzudecken, die angeblich gut programmiert ist, dann arbeitet dieser Tester doch innerhalb desselben ökonomischen Rahmens wie die Programmierer, die die Tests schreiben. Der Tester schließt Wetten auf die Tests ab und hofft, dass ein Test erfolgreich ausgeführt wird, wenn er scheitern sollte, oder dass der Test scheitert, wenn er funktionieren sollte. Der

Tester lernt daher mit der Zeit, immer bessere Tests zu schreiben, Tests, die sich mit höherer Wahrscheinlichkeit auszahlen. Der Tester ist sicherlich nicht dazu da, einfach möglichst viele Tests zu produzieren.

Weitere Tests

Auch wenn Komponenten- und Funktionstests das Kernstück der XP-Teststrategie bilden, gibt es andere Tests, die von Zeit zu Zeit sinnvoll sind. Das XP-Team erkennt, wenn es in die Irre geht und eine andere Art von Test helfen könnte. Das Team kann dann folgende Arten von Tests schreiben (oder jede andere Art von Test, die in einem Buch zum Thema Testen beschrieben wird):

- *Paralleltest* – Ein Test, der beweisen soll, dass das neue System genau wie das alte funktioniert. Eigentlich zeigt der Test, wie sich das neue System vom alten System unterscheidet, sodass die Geschäftsseite eine geschäftliche Entscheidung darüber treffen kann, ob der Unterschied gering genug ist, um das neue System in Betrieb zu nehmen.
- *Belastungstest* – Ein Test, der die höchste Belastung simulieren soll. Belastungstests sind sinnvoll bei komplexen Systemen, deren Leistungsverhalten nur schwer vorherzusehen ist.
- *Idiotentest* – Ein Test, der sicherstellen soll, dass das System auf unvernünftige Eingaben vernünftig reagiert.

Teil 3

XP implementieren

In diesem Teil werden wir die Strategien des letzten Abschnitts in die Praxis übertragen. Sobald man eine radikal vereinfachte Menge an Strategien gewählt hat, verfügt man plötzlich über sehr viel mehr Handlungsspielraum. Sie können diese Flexibilität zu verschiedenen Zwecken nutzen, müssen sich jedoch darüber im Klaren sein, dass sie überhaupt besteht und welche Möglichkeiten sich dadurch für Sie eröffnen.

19 XP übernehmen

Führen Sie die einzelnen Verfahren nacheinander ein, wenn Sie XP übernehmen, und gehen Sie damit jeweils auf das dringlichste Problem des Teams ein. Lösen Sie so schrittweise ein Problem nach dem anderen.

Ich danke Don Wells für seine einfache, offensichtlich korrekte Antwort auf die Frage, wie man XP übernimmt.

1. Man wählt das schlimmste Problem aus.
2. Man löst es unter Verwendung der XP-Konzepte.
3. Wenn es nicht mehr das schlimmste Problem ist, beginnt man wieder von vorn.

Das Testen und das Planspiel bieten sich wohl am ehesten als Ausgangspunkte an. Viele Projekte haben mit Qualitätsproblemen oder mit einer unausgewogenen Machtverteilung zwischen Geschäftsseite und Entwicklung zu kämpfen. Das zweite XP-Buch mit dem Titel *Extreme Programming Applied: Playing to Win* (das voraussichtlich im Winter 2000 erscheinen wird) wird auf diese beiden Themen eingehen.

Dieser Ansatz hat viele Vorzüge. Er ist so einfach, dass sogar ich ihn verstehen konnte (nachdem mir Don einen leichten Klaps auf den Hinterkopf gegeben hatte). Da man nacheinander jeweils nur ein Verfahren lernt, kann man jedes Verfahren gründlich erlernen. Weil man immer sein dringlichstes Problem angeht, ist man sehr motiviert, Änderungen vorzunehmen, und die eigenen Bemühungen werden durch positive Rückmeldungen sofort quittiert.

Damit wird auch der Einwand gegen XP außer Kraft gesetzt, es handle sich um ein Allerwelts-Konzept. Während man sich die einzelnen Praktiken aneignet, passt man sie gleichzeitig an die eigene Situation an. Falls man kein Problem hat, dann fällt einem erst gar nicht ein, Probleme mit XP lösen zu wollen.

Unterschätzen Sie die Bedeutung der konkreten Umgebung bei der Übernahme von XP nicht, auch wenn Sie sich gar nicht bewusst sein sollten, dass die Umgebung problematisch ist. Ich habe oft mit einem Schraubenzieher und einem Inbusschlüssel angefangen. Ich füge zwei weitere Schritte dem Prozess hinzu.

–1. Stellen Sie die Möbel so um, dass man in Paaren programmieren kann und der Kunde im Team mitarbeiten kann.

0. Kaufen Sie Knabberzeug.

20 XP anpassen

Projekte, die ihre bestehende Kultur ändern möchten, sind weit häufiger als Projekte, die eine neue Kultur von Grund auf neu schaffen können. Übernehmen Sie XP in laufenden Projekten schrittweise und starten Sie hierbei mit dem Testen oder Planen.

Es ist eine Herausforderung, wenn man mit einem neuen Team XP praktizieren möchte. XP mit einem vorhandenen Team und einer vorhandenen Codebasis zu übernehmen, ist noch schwieriger. Man muss alle vorhandenen Schwierigkeiten bewältigen – die Fertigkeiten lernen, als Coach dienen, das Verfahren anpassen. Man steht zudem unter dem unmittelbaren Druck, die Produktionssoftware am Laufen zu halten. Die Software wurde wahrscheinlich nicht entsprechend der neuen Standards geschrieben. Sie ist wahrscheinlich komplexer als sie sein müsste. Sie wurde wahrscheinlich nicht in dem Maß getestet, wie Sie es sich wünschten. Für ein neues Team können Sie nur solche Leute aussuchen, die gewillt sind, XP auszuprobieren. Bei einem vorhandenen Team wird es wahrscheinlich einige Skeptiker geben. Und zudem sind die Schreibtische bereits aufgestellt und man kann daran nicht in Paaren programmieren.

Man muss sich mehr Zeit nehmen, wenn man XP an ein laufendes Projekt anpassen will, als wenn man XP in einem entsprechendem neuen Team einsetzt. Das ist die schlechte Nachricht. Die gute Nachricht ist jedoch, dass es bei einem XP-Entwicklungsprojekt, das am »grünen Tisch« beginnt, einige Risiken gibt, mit denen man sich in diesem Fall nicht beschäftigen muss. Man wird sich beispielsweise niemals in der riskanten Position befinden, zu denken, eine gute Idee für ein Softwareprodukt zu haben, aber es nicht genau zu wissen. Man wird sich nie in der riskanten Position befinden, eine Menge Entscheidungen ohne die sofortigen, schonungslosen Feedbacks, die man von Kunden erhält, fällen zu müssen.

Ich habe schon mit vielen Teams gesprochen, die gesagt haben: »Oh ja, wir setzen XP wirklich ein. Alles, außer dem Testzeug. Und wir haben ein 200 Seiten dickes Anforderungsdokument. Aber alles andere ist genau so, wie wir es tun.« Dies ist der Grund, warum dieses Kapitel nach den einzelnen Verfahren gegliedert ist. Wenn Sie bereits ein Verfahren vertreten, das von XP befürwortet wird, dann können Sie den betreffenden Abschnitt übergehen. Wenn Sie auf ein neues Verfahren stoßen, das Sie einsetzen möchten, dann lesen Sie den Abschnitt über dieses Verfahren.

Wie kann man XP für ein vorhandenes Team und für Software, die sich bereits in Produktion befindet, übernehmen? Sie müssen hierzu die Übernahmestrategie in den folgenden Bereichen anpassen:

- Testen
- Design
- Planung
- Management
- Entwicklung

Testen

Testen ist möglicherweise der frustrierendste Bereich, wenn man vorhandenen Code nach XP überträgt. Der Code, der geschrieben wurde, bevor man Tests hatte, kann einem Angst einflößen. Man weiß nie genau, wo man steht. Bringt diese Änderung Gefahren mit sich? Man kann sich dessen nicht sicher sein.

Sobald man mit dem Schreiben von Tests beginnt, ändert sich das Bild. Man hat dann Vertrauen in den neuen Code. Man scheut sich nicht davor, Änderungen vorzunehmen. Es macht sogar irgendwie Spaß.

Alter und neuer Code unterscheiden sich wie Tag und Nacht. Sie werden feststellen, dass Sie den alten Code vermeiden. Dem muss man widerstehen. Die einzige Möglichkeit, dieses Problem in den Griff zu bekommen, besteht darin, den gesamten Code zu inspizieren. Ansonsten können sich im Verborgenen unschöne Dinge entwickeln und man hat es mit Risiken unbekannter Größenordnung zu tun.

In dieser Situation ist man versucht, einfach zurückzugehen und die Tests für den gesamten vorhandenen Code zu schreiben. Tun Sie das nicht. Schreiben Sie stattdessen nach Bedarf Tests.

- Wenn die Funktionalität ungetesteten Codes erweitert werden muss, dann schreiben Sie zuerst Tests für die vorhandene Funktionalität.
- Wenn Sie einen Fehler korrigieren müssen, dann schreiben Sie zuerst einen Test.
- Wenn Refactoring ansteht, dann schreiben Sie zuerst die Tests.

Sie werden feststellen, dass die Entwicklung anfangs langsam zu laufen scheint. Sie werden mehr Zeit damit verbringen, Tests zu schreiben, als in gewöhnlichen XP-Projekten und Sie werden den Eindruck haben, dass Sie beim Implementieren neuer Funktionalität langsamer Fortschritte machen als zuvor. Allerdings werden jene Teile des Systems, die Sie häufig bearbeiten, jene Teile, die Aufmerksamkeit und neue Funktionalität erfordern, rasch gründlich getestet sein. Bald werden die Teile des Systems, die am häufigsten verwendet werden, so aussehen, als seien sie mit XP programmiert.

Design

Der Übergang zum XP-Design ähnelt sehr dem Übergang zum XP-Testen. Sie werden bald bemerken, dass der neue Code ein völlig anderes Gefühl vermittelt als der alte Code. Sie werden alles auf einmal anpassen wollen. Tun Sie das nicht. Gehen Sie schrittweise vor. Wenn Sie neue Funktionalität hinzufügen, sollten Sie immer darauf vorbereitet sein, zuerst das Design zu überarbeiten. In der XP-Entwicklung ist man stets darauf vorbereitet, vor dem Implementieren Vorhandenes zu überarbeiten, aber da Sie das System auf XP umstellen, müssen Sie es nun häufiger tun.

Am Beginn des Prozesses sollte das Team einige grobe Refactoring-Ziele festlegen. Es mag vielleicht eine besonders verworrene Vererbungshierarchie geben oder eine Funktion ist über das gesamte System verteilt, die Sie vereinheitlichen wollen. Legen Sie diese Ziele fest, notieren Sie sie auf Karten und hängen Sie die Karten gut sichtbar auf. Wenn das große Refactoring erledigt ist (was Monate oder sogar ein Jahr dauern kann), dann sollten Sie das feiern. Verbrennen Sie alle Karten. Begehen Sie das Fest bei ausreichend Speis und Trank.

Diese Strategie hat einen ähnlichen Effekt wie die bedarfsgesteuerte Teststrategie. Diejenigen Teile des Systems, mit denen Sie in der Entwicklungsarbeit ständig zu tun haben, werden bald das gleiche Gefühl vermitteln wie der Code, den Sie jetzt schreiben. Der Zusatzaufwand zusätzlichen Refactorings wird bald kleiner werden.

Planung

Sie müssen Ihre vorhandenen Anforderungsunterlagen auf Storycards übertragen. Sie müssen Ihren Kunden über die neuen Spielregeln aufklären. Der Kunde muss dann entscheiden, woraus die nächste Version bestehen soll.

Die größte Herausforderung (und Chance) der Umstellung auf die XP-Planung besteht darin, den Kunden darin zu unterrichten, wie er vom Team sehr viel mehr erhalten kann. Der Kunde hat wahrscheinlich noch keine Erfahrungen mit einem Entwicklungsteam, das Änderungen an den Anforderungen begrüßt. Es dauert eine Weile, bis man sich daran gewöhnt hat, wie viel mehr der Kunde vom Team bekommen kann.

Management

Eine der schwierigsten Umstellungen besteht darin, sich an das XP-Management zu gewöhnen. Das XP-Management ist eine Sache des Umleitens und Einflussnehmens. Wenn Sie Manager sind, dann werden Sie sich wahrscheinlich dabei ertappen, Entscheidungen zu treffen, die eigentlich von den Programmierern oder Kunden getroffen werden sollten. Sollte dies so sein, lassen Sie sich dadurch nicht aus der Ruhe bringen. Erinnern Sie sich selbst und alle anderen Anwesenden einfach daran, dass Sie noch im Lernen begriffen sind. Dann bitten Sie die richtige Person, die Entscheidung zu treffen und Ihnen das Ergebnis mitzuteilen.

Programmierer, die plötzlich vor neue Aufgaben gestellt werden, werden wahrscheinlich nicht sofort gute Arbeit leisten. Als Manager müssen Sie während der Umstellungsphase genau darauf achten, jeden an die Regeln zu erinnern, die das Team gewählt hat. Unter Druck kehrt jeder zu alten Verhaltensmustern zurück, gleichgültig, ob sich diese Muster bewährt hatten oder nicht.

Man wird sich ähnlich fühlen wie bei der Umstellung des Designs oder der Tests. Zuerst hat man ein komisches Gefühl. Man weiß, dass man nicht optimal arbeitet. Wenn man auf die Situationen achtet, die sich täglich ergeben, dann werden Sie (und die Programmierer und Kunden) lernen, damit ohne Schwierigkeiten umzugehen. Sie werden sich aber bald an den neuen Prozess gewöhnen und sich damit wohl fühlen. Von Zeit zu Zeit wird sich jedoch eine Situation ergeben, die Sie noch nicht im »XP-Stil« gehandhabt haben. Wenn das passiert, halten Sie einen Moment inne. Erinnern Sie das Team an die Regeln, Werte und Prinzipien. Dann entscheiden Sie, was zu tun ist.

Einer der schwierigsten Aspekte daran, Manager eines fliegenden Wechsels zu XP zu sein, betrifft die Frage, ob ein Teammitglied nicht die Erwartungen erfüllt. Oft ist es sinnvoller, sich zu trennen. Sie sollten diese Änderung vollziehen, sobald Sie sich sicher sind, dass sich die Situation nicht bessert.

Entwicklung

Zuallererst müssen Sie die Schreibtische richtig anordnen. Das ist ernst gemeint. Lesen Sie erneut das Kapitel zum Programmieren in Paaren (Kapitel 16, »Entwicklungsstrategie«). Stellen Sie die Schreibtische so auf, dass zwei Personen nebeneinander daran sitzen und die Tastatur einander weitergeben und bedienen können, ohne ihre Stühle verrücken zu müssen.

Einerseits sollten Sie hinsichtlich des Programmierens in Paaren rigider sein, wenn Sie auf XP umstellen, als Sie es normalerweise sein müssten. Das Programmieren in Paaren kann anfangs unbequem sein. Zwingen Sie sich dazu, auch wenn Sie keine Lust haben. Andererseits sollten Sie gelegentlich eine Pause einlegen. Ziehen Sie sich zurück und programmieren Sie einige Stunden allein. Natürlich sollten Sie die Ergebnisse wegwerfen, aber verderben Sie sich nicht die Freude am Programmieren, nur um sagen zu können, Sie haben in einer Woche 30 Stunden mit einem Partner programmiert.

Lösen Sie Schritt für Schritt die Test- und Designprobleme. Aktualisieren Sie den Code, den Sie bearbeiten, damit er den Programmierstandards entspricht, auf die sich das Team geeinigt hat. Sie werden überrascht sein, wie viel Sie aus dieser einfachen Tätigkeit lernen können.

In Schwierigkeiten?

Einige von Ihnen, die dies hier lesen, haben vielleicht ein Team, aber die Software ist noch nicht in Produktion. Ihr Projekt steckt möglicherweise in einer Menge Schwierigkeiten. XP mag da wie ein Rettungsanker erscheinen.

Verlassen Sie sich nicht darauf. Hätten Sie von Anfang an XP eingesetzt, dann hätten Sie damit möglicherweise die aktuelle Situation vermieden (oder auch nicht). Wenn es schon schwierig ist, bei vollem Galopp die Pferde zu wechseln, dann ist dies zehnmal so schwer, wenn man auf einem verletzten Pferd sitzt. Die Situation ist spannungsgeladen. Die Moral ist auf einem Tiefpunkt.

Wenn Sie die Wahl haben, auf XP umzustellen oder gekündigt zu werden, dann sollten Sie sich zunächst vor Augen halten, dass Ihre Chancen, sich unter diesen Bedingungen ständig neue Verfahren aneignen zu können, nicht sehr gut stehen. Unter Stress kehrt man wieder zu alten Verhaltensweisen zurück. Sie haben bereits eine Menge Stress. Sie haben viel geringere Chancen, die Umstellung erfolgreich zu bewältigen. Legen Sie für sich ein bescheideneres Ziel fest, als das gesamte Projekt retten zu wollen. Lassen Sie die Dinge auf sich zukommen und gehen Sie sie langsam an. Freuen Sie sich darüber, wie viel Sie über das Testen oder das indirekte Management lernen können oder welch schönes Design Sie entwerfen können oder wie viel Code Sie wegwerfen können. Vielleicht lässt sich so viel Ordnung in das Chaos bringen, dass es Ihnen nichts ausmacht, morgen wieder zur Arbeit zu kommen.

Wenn Sie ein in Schwierigkeiten geratenes Projekt auf XP umstellen, sollten Sie das auf jeden Fall mit einer großen Geste machen. Halbheiten bewirken nur, dass jeder den Eindruck gewinnt, sich in etwa dem gleichen Zustand wie zuvor zu befinden. Bewerten Sie die aktuelle Codebasis sorgfältig. Wären Sie ohne diesen Code besser dran? Falls dem so ist, werfen Sie ihn weg – und zwar vollständig. Halten Sie eine große Sonnwendfeier ab und verbrennen Sie die Bänder. Nehmen Sie eine Woche frei. Fangen Sie mit frischem Mut wieder neu an.

21 Lebenszyklus eines idealen XP-Projekts

Das ideale XP-Projekt durchläuft eine kurze anfängliche Entwicklungsphase, der Jahre folgen, in denen man gleichzeitig die Produktion unterstützt und Verbesserungen anbringt, und schließlich wird das Projekt würdig in den Ruhestand versetzt, wenn es nicht mehr sinnvoll ist.

Dieses Kapitel vermittelt Ihnen einen Eindruck vom Gesamtverlauf eines XP-Projekts. Es handelt sich dabei um eine idealisierte Darstellung – Sie sollten mittlerweile wissen, dass kein XP-Projekt einem anderen genau gleichen kann (oder soll). Ich hoffe, dieses Kapitel vermittelt Ihnen einen Eindruck davon, wie der ideale allgemeine Ablauf eines XP-Projekts aussieht.

Erforschung

Die Vorproduktionsphase ist ein unnatürlicher Zustand für ein System und sollte so rasch wie möglich überwunden werden. Welchen Spruch habe ich kürzlich gehört? »In Produktion gehen oder sterben.« XP sagt genau das Gegenteil. Nicht in Produktion zu sein bedeutet, Geld auszugeben, ohne Geld zu verdienen. Nun, es mag zwar nur meine Geldbörse sein, aber ich finde diesen Zustand der Ausgaben ohne Einnahmen sehr unangenehm.

Bevor man in Produktion gehen kann, muss man jedoch daran glauben, dass man in Produktion gehen kann. Sie müssen genug Vertrauen in Ihre Tools haben, sodass Sie glauben, das Programm fertig stellen zu können. Sie müssen glauben, dass Sie den Code, nachdem er fertig gestellt ist, tagein, tagaus ausführen können. Sie müssen glauben, dass Sie die Fähigkeiten haben (oder erlernen können), die Sie brauchen. Die Teammitglieder müssen lernen, sich gegenseitig zu vertrauen.

In der Erforschungsphase stellt sich dies alles ein. Man ist mit dem Erforschen fertig, wenn der Kunde davon überzeugt ist, dass die Storycards mehr als genug Material für eine gute erste Version enthalten, und die Programmierer davon überzeugt sind, dass sie keine bessere Aufwandsschätzung mehr liefern können, ohne das System tatsächlich zu implementieren.

Während des Erforschens setzen die Programmierer jede Technologie ein, die sie im Produktionssystem verwenden werden. Sie erkunden aktiv die Möglichkeiten für die Systemarchitektur. Das tun Sie, indem sie ein oder zwei Wochen darauf verwenden, ein System zu erstellen, das dem zu entwickelnden System ähnelt, aber dazu drei oder vier verschiedene Alternativen ausprobieren. Verschiedene

Paare können das System auf unterschiedliche Weise entwickeln und die Ergebnisse dann vergleichen oder man kann zwei Paare damit beauftragen, das System auf die gleiche Weise zu entwickeln, und dann sehen, welche Unterschiede sich ergeben.

Falls eine Woche nicht ausreicht, eine bestimmte technologische Komponente zum Laufen zu bringen, dann würde ich diese Technologie als Risiko einstufen. Das heißt nicht, dass Sie diese Technologie nicht verwenden sollen. Sie sollten sie jedoch eingehender erkunden und Alternativen in Betracht ziehen.

Sie sollten erwägen, während der Erforschungsphase einen Technologiespezialisten in das Team zu holen, damit Ihre Versuche nicht durch irgendwelche Kleinigkeiten gehemmt werden, die von jemanden, der mit der Technologie vertraut ist, mühelos gehandhabt werden können. Hüten Sie sich jedoch davor, jeden Rat hinsichtlich eines möglichen Einsatzes der Technologie blind anzunehmen. Experten verfolgen gelegentlich Strategien, die nicht mit XP in Einklang stehen. Das Team muss mit den Verfahren einverstanden sein, die von den Experten gewählt werden. Die Aussage: »Der Experte hat das gesagt« ist nicht sehr befriedigend, wenn ein Projekt außer Kontrolle gerät.

Die Programmierer sollten zudem die Leistungsgrenzen der Technologie ausloten, die sie verwenden werden. Wenn irgend möglich, sollten sie realistische Belastungen mit der Produktionshardware und dem Netzwerk simulieren. Man muss nicht das gesamte System fertig gestellt haben, um eine Simulation ausführen zu können. Man kann eine Menge Erfahrungen sammeln, wenn man beispielsweise einfach berechnet, wie viele Bytes pro Sekunde das Netzwerk übertragen können muss, und dann ein Experiment durchführt, um festzustellen, ob man die erforderliche Bandbreite zur Verfügung stellen kann.

Die Programmierer sollten auch mit Architekturvorschlägen experimentieren – wie erstellt man ein System, das Befehle über mehrere Ebenen hinweg rückgängig machen kann? Implementieren Sie einen Tag lang auf drei verschiedene Weisen und sehen Sie sich dann an, welches Ergebnis den besten Eindruck macht. Diese kleinen architektonischen Erkundungen sind besonders wichtig, wenn der Benutzer mit Leistungsmerkmalen aufwartet, von deren Implementierung Sie keine Ahnung haben.

Die Programmierer sollten jede Programmieraufgabe einschätzen, die sie während der Erforschungsphase in Angriff nehmen. Wenn eine Aufgabe erledigt ist, sollten sie berichten, wie viel Zeit sie tatsächlich für diese Aufgabe benötigt haben. Übung in der Aufwandskalkulation stärkt das Vertrauen des Teams in seine Schätzungen, wenn es an der Zeit ist, eine Verpflichtung einzugehen.

Während das Team sich im Einsatz der Technologie übt, übt der Kunde das Schreiben von Storycards für Leistungsmerkmale. Erwarten Sie nicht, dass dies völlig reibungslos vonstatten geht. Die Storycards werden anfangs Ihren Erfordernissen nicht genügen. Wichtig ist hier, dem Kunden ein rasches Feedback zu den ersten Storycards zu geben, damit er lernt, das anzugeben, was die Programmierer brauchen, und keine unnötigen Dinge angibt. Die Schlüsselfrage lautet: »Können die Programmierer den Aufwand vernünftig einschätzen, der für das Leistungsmerkmal erforderlich ist?« Manchmal muss die Storycard (das Leistungsmerkmal) anders formuliert werden, manchmal müssen die Programmierer einfach loslegen und eine Weile experimentieren.

Wenn man ein Team hat, das seine Technologie und sich gut kennt, dann kann die Erforschungsphase kurz sein und muss nur wenige Wochen dauern. Bei einem Team, das mit der Technologie oder dem Bereich überhaupt nicht vertraut ist, muss man möglicherweise einige Monate für das Erforschen aufwenden. Wenn die Erforschungsphase länger dauern sollte, würde ich mich nach einem kleinen, aber realen Projekt umsehen, das sich rasch fertig stellen lässt, um die Dringlichkeit des Prozesses zu verdeutlichen.

Planung

Zweck der Planungsphase ist es, dass sich die Kunden und Programmierer auf einen realistischen Termin einigen, an dem die kleinste, wertvollste Menge an Leistungsmerkmalen fertig gestellt sein soll. Der Abschnitt »Das Planungsspiel« in Kapitel 15 erläutert, wie man hierzu vorgeht. Wenn man während der Erforschungsphase Vorbereitungen trifft, dann sollte die Planung (die Erstellung eines verpflichtenden Terminplans) ein oder zwei Tage dauern.

Der Plan für die erste Version sollte zwei bis sechs Monate umfassen. Innerhalb eines kürzeren Zeitraums kann man keine signifikanten Geschäftsprobleme lösen. (Wenn Sie es können, ist das großartig! In Tom Gilbs Buch *Principles of Software Engineering* finden Sie Anregungen dazu, wie man die erste Version kürzen kann.) Einen längeren Zeitraum für die Planungsphase zu veranschlagen ist riskant.

Iterationen bis zur ersten Version

Der verpflichtende Terminplan wird in ein- bis vierwöchige Iterationen unterteilt. Jede Iteration ergibt eine Reihe von funktionalen Testfällen für jedes Leistungsmerkmal, das für diese Iteration geplant ist.

Mit der ersten Iteration wird die Architektur erstellt. Wählen Sie für die erste Iteration Storycards aus, die Sie dazu zwingen, »das gesamte System« zu erstellen, wenn auch lediglich als Grundgerüst.

Die Auswahl der Storycards für die nachfolgenden Iterationen liegt ganz im Ermessen des Kunden. Er muss sich folgende Frage stellen: »Welche Leistungsmerkmale sollen in dieser Iteration bearbeitet werden?«

Während man die Iterationen durchläuft, achtet man darauf, ob es Abweichungen vom Plan gibt. Dauert alles doppelt so lange, wie man ursprünglich angenommen hat? Oder halb so lange? Werden die Testfälle pünktlich fertig gestellt? Hat man Spaß an der Arbeit?

Wenn man Abweichungen vom Plan entdeckt, dann muss man etwas ändern. Vielleicht muss der Plan geändert werden – fügen Sie Leistungsmerkmale hinzu oder entfernen Sie welche oder ändern Sie deren Umfang. Vielleicht muss das Verfahren geändert werden und Sie finden bessere Möglichkeiten, die Technologie zu nutzen oder XP anzuwenden.

Idealerweise sollte der Kunde am Ende jeder Iteration die Funktionstests fertig gestellt haben und die Funktionstests sollten alle funktionieren. Feiern Sie das Ende jeder Iteration – spendieren Sie Pizza, veranstalten Sie ein Feuerwerk, lassen Sie den Kunden die erledigten Storycards signieren. Sie haben schließlich gerade pünktlich Qualitätssoftware geliefert. Vielleicht hat das Ganze nur drei Wochen gedauert, aber das Team hat trotzdem etwas erreicht, und das ist es wert, gefeiert zu werden.

Am Ende der letzten Iteration sind Sie bereit, in Produktion zu gehen.

In Produktion gehen

In der Endphase einer Version werden die Feedbackzyklen verkürzt. Statt dreiwöchiger Iterationen geht man vielleicht zu einwöchigen Iterationen über. Man kann täglich ein kurzes Meeting abhalten, damit jeder weiß, woran die anderen arbeiten.

Normalerweise gibt es jemanden, der sein OK gibt, dass die Software in Produktion gehen kann. Bereiten Sie sich darauf vor, neue Tests zu implementieren, die beweisen, dass die Software produktionsreif ist. In dieser Phase werden häufig Paralleltests eingesetzt.

Sie müssen in dieser Phase unter Umständen auch das Leistungsverhalten des Systems optimieren. Ich bin in diesem Buch kaum auf die Optimierung des Leistungsverhaltens eingegangen. Ich glaube fest an das Motto: »Make it run, make it right, make it fast.« Die Endphase ist der perfekte Zeitpunkt für Optimierungen, da bis dahin viel Wissen in das Design des Systems eingeflossen ist, man dann über die realistischsten Schätzungen zur Arbeitsbelastung des Systems verfügt und wahrscheinlich auch die Produktionshardware verfügbar ist.

Während dieser Phase wird man die Weiterentwicklung der Software langsamer vorantreiben. Es ist nicht so, dass die Software nicht mehr weiterentwickelt wird, sondern dass Risiken in der Bewertung, ob eine Änderung in die Version aufgenommen werden soll, mehr Gewicht erhalten. Sie müssen sich jedoch bewusst sein, dass Sie umso sicherer einschätzen können, wie das Design eines Systems aussehen soll, je mehr Erfahrungen Sie mit einem System gesammelt haben. Wenn Sie viele Ideen haben, die Sie nicht mit gutem Gewissen in diese Version aufnehmen können, dann stellen Sie diese in einer Liste zusammen. Diese Liste hängen Sie auf, damit jeder sehen kann, welche Richtung Sie einschlagen werden, nachdem die Version in Produktion gegangen ist.

Geht die Software tatsächlich in Produktion, veranstalten Sie ein großes Fest. Viele Projekte gehen nie in Produktion. Dass Ihr Projekt überlebt hat, ist ein Grund zum Feiern. Es ist übrigens ganz normal, wenn Ihnen etwas mulmig zu Mute ist, aber das Fest kann Ihnen dabei helfen, etwas von der Spannung loszuwerden, die sich bestimmt angestaut hat.

Wartung

Wartung ist eigentlich der normale Zustand eines XP-Projekts. Sie müssen gleichzeitig neue Funktionalität produzieren, das vorhandene System am Laufen halten, neue Leute in das Team aufnehmen und sich von Mitgliedern verabschieden, die das Unternehmen verlassen.

Jede Version beginnt mit der Erforschungsphase. Sie können hier Refactoring-Versuche durchführen, zu denen Sie in der Endphase der letzten Version nicht den Mut hatten. Sie können neue Technologien ausprobieren, die Sie in der nächsten Version einsetzen wollen, oder auf neue Versionen der Technologie umstellen, die Sie bereits verwenden. Sie experimentieren vielleicht mit neuen Ideen für die Architektur. Der Kunde schreibt möglicherweise verrückte neue Storycards, in der Hoffnung, damit einen Verkaufsrenner zu kreieren.

Ein System zu entwickeln, das bereits in Produktion ist, ist nicht das Gleiche, wie ein System zu entwickeln, das noch nicht in Produktion ist. Man nimmt vorsichtige Veränderungen vor. Man muss darauf gefasst sein, die Entwicklung zu unterbrechen, um auf Produktionsprobleme zu reagieren. Man hat reale Daten, die man migrieren muss, wenn man das Design ändert. Wenn die Vorproduktionsphase nicht so gefährlich wäre, würde man nie in Produktion gehen.

Wenn das System in Produktion geht, wird sich Ihre Entwicklungsgeschwindigkeit ändern. Seien Sie bei neuen Aufwandsschätzungen konservativ. Verfolgen Sie während der Erforschungsphase, inwieweit sich die Unterstützung der Produktion auf Ihre Entwicklungstätigkeit niederschlägt. Ich habe erlebt, dass das Verhältnis zwischen idealer Entwicklungszeit und Kalenderzeit um 50% anstieg, nachdem die Software in Produktion gegangen ist (von zwei Kalendertagen pro Entwicklungstag auf drei). Raten Sie aber nicht, messen Sie.

Bereiten Sie sich darauf vor, die Teamstruktur zu ändern, um den laufenden Betrieb bzw. die Produktion unterstützen zu können. Sie sollten sich bei der Besetzung des »Helpdesk« abwechseln, sodass der überwiegende Teil der Programmierer nicht die meiste Zeit mit Produktionsunterbrechungen zu tun hat. Sorgen Sie dafür, dass alle Programmierer diese Position einmal besetzen – manche Dinge, die man aus der Unterstützung der Produktion lernen kann, kann man nirgends sonst lernen. Andererseits macht es nicht so viel Spaß wie das Programmieren.

Gehen Sie mit neu entwickelter Software in Produktion, sobald sie fertig ist. Sie wissen vielleicht, dass nicht alle Teile der Software ausgeführt werden. Nehmen Sie sie trotzdem in das Produktionssystem auf. Ich war an Projekten beteiligt, bei denen dies täglich oder wöchentlich geschah; Sie sollten aber Code auf jeden Fall nicht länger als eine Iteration lang brachliegen lassen. Die Zeitplanung hängt davon ab, wie viel die Verifizierung und Migration kostet. Das Letzte, was man am Ende eines Releaseszyklus gebrauchen kann, ist die Integration einer Menge Code, der »unmöglich« etwas zerstören kann. Wenn man die Produktionscodebasis und die Entwicklungscodebasis auf einem annähernd gleichen Stand hält, wird man viel früher vor Integrationsproblemen gewarnt.

Wenn neue Mitglieder in das Team kommen, geben Sie ihnen zwei oder drei Iterationen lang Aufgaben, bei denen sie viele Fragen stellen, als Paarprogrammierer arbeiten und eine Menge Tests und Code lesen müssen. Wenn sie dazu bereit sind, können sie die Verantwortung für einige Entwicklungsaufgaben übernehmen, allerdings mit einem reduzierten Belastungsfaktor. Wenn sie gezeigt haben, dass sie der Aufgabe gewachsen sind, können sie ihren Belastungsfaktor anheben.

Falls sich das Team langsam ändert, kann man in weniger als einem Jahr das ursprüngliche Entwicklungsteam durch neue Leute ersetzen, ohne die Produktionsunterstützung oder die laufende Entwicklung zu unterbrechen. Das ist eine weit weniger riskante Übergabe als das sonst übliche »das ist es und dieser Papierstapel enthält alle Informationen, die Sie brauchen. » Es ist in der Tat genauso wichtig, die Projektkultur wie die Details des Designs und der Implementierung zu kommunizieren, und das kann nur durch persönlichen Kontakt geschehen.

Tod

Ein angenehmer Tod ist ebenso wichtig wie ein angenehmes Leben. Dies gilt für XP genauso wie für Menschen.

Wenn dem Kunden keine neuen Storycards mehr einfallen, dann ist es an der Zeit, das Projekt einzumotten. Jetzt muss nur noch eine fünf- bis zehnseitige Einführung in das System geschrieben werden, die Art von Dokument, die man gerne hätte, wenn etwas nach fünf Jahren verändert werden muss.

Ein guter Grund für den Tod ist, wenn der Kunde mit dem System zufrieden ist und ihm nichts mehr einfällt, was er in absehbarer Zukunft dem System hinzufügen möchte. (Ich habe so etwas noch nicht erlebt, aber ich habe davon gehört und es aus diesem Grund hier aufgenommen.)

Es gibt aber auch einen weniger guten Grund für den Tod – das System entspricht einfach nicht den Erwartungen. Der Kunde braucht Leistungsmerkmale, die das Team einfach nicht hinzufügen kann, ohne unwirtschaftlich zu arbeiten. Die Fehlerrate steigt so stark an, dass sie untragbar wird.

Dies ist der entropische Tod, gegen den man so lange gekämpft hat. XP ist kein Zauber. Die Entropie holt irgendwann auch XP-Projekte ein. Man hofft einfach, dass dies eher später als früher passiert.

In jedem Fall haben wir bereits das Unmögliche postuliert – das System muss sterben. Jeder sollte dies aufmerksam verfolgen. Das Team muss sich der Ökonomie dieser Situation bewusst sein. Das Team, die Kunden und die Manager sollten darin übereinstimmen können, dass das Team und das System nicht mehr das bringen können, was benötigt wird.

Dann ist es an der Zeit, freundlich voneinander Abschied zu nehmen. Feiern Sie. Laden Sie alle ein, die an dem System gearbeitet haben, zurückzukommen und der guten alten Zeiten zu gedenken. Ergreifen Sie die Gelegenheit und versuchen Sie, die Ursachen für den Untergang des Systems aufzuspüren, damit Sie lernen, auf was Sie in der Zukunft achten müssen. Stellen Sie sich mit dem Team zusammen vor, was man das nächste Mal besser machen kann.

22 Rollenverteilung

Bestimmte Rollen müssen besetzt werden, damit ein XP-Team funktioniert – Programmierer, Kunde, Coach, Terminmanager.

Ein Sportteam funktioniert am besten, wenn es bestimmte Rollen gibt, für die jemand die Verantwortung übernimmt. Beim Fußball gibt es den Torhüter, den Stürmer, den Abstauber und so weiter. Beim Basketball gibt es einen Verteidiger, einen Mittelfeldspieler, einen Angriffsspieler und so weiter.

Ein Spieler, der eine dieser Positionen innehat, übernimmt ein bestimmtes Maß an Verantwortung – die Mitglieder des eigenen Teams dirigieren, um Punkte zu machen, die andere Mannschaft am Punktemachen hindern, einen bestimmten Bereich des Spielfelds überwachen. Einige der Rollen sind die von regelrechten Einzelkämpfern. Andere erfordern, dass der Spieler die Fehler von Mannschaftskameraden wettmacht oder ihr Zusammenspiel steuert.

Diese Rollen werden zur Gewohnheit und gelegentlich sogar in den Spielregeln verankert, da sie funktionieren. Irgendwann einmal ist wahrscheinlich jede Kombination von Verantwortlichkeiten schon einmal ausprobiert worden. Die Rollen, die heute da sind, gibt es, weil sie sich bewährt haben und die anderen nicht.

Gute Coachs können einen Spieler dazu bringen, auf ihrer Position gut zu spielen. Sie stellen Abweichungen vom üblichen Verhalten dieser Position fest und helfen entweder dem Spieler, diese Abweichungen zu korrigieren, oder wissen, warum dieser Spieler sich auf der Position etwas anders verhält.

Ein hervorragender Coach ist sich jedoch bewusst, dass es sich bei diesen Positionen einfach um eine gewohnheitsmäßige Aufteilung handelt, nicht um Naturgesetze. Von Zeit zu Zeit ändert sich das Spiel oder die Spieler ändern sich so sehr, dass eine neue Position möglich und eine alte Position obsolet wird. Hervorragende Coachs suchen immer nach Möglichkeiten, wie man sich durch die Schaffung neuer und die Eliminierung üblicher Positionen Vorteile verschaffen kann.

Eine weitere Fähigkeit guter Coach besteht darin, das System an die Spieler anzupassen, statt umgekehrt. Wenn man ein System hat, das hervorragend funktioniert, sofern man schnelle Spieler hat, und das eigene Team groß und stark ist, dann sollte man besser ein neues System finden, das die Talente des Teams fördert. Viele Coachs sind dazu nicht in der Lage. Sie sind stattdessen so auf die Schönheit »des Systems« konzentriert, dass sie nicht bemerken, dass es nicht funktioniert.

Seien Sie also gewarnt. Es werden einige Rollen beschrieben, die sich in vorherigen Projekten bewährt haben. Wenn Sie mit Leuten zu tun haben, die nicht zu diesen Rollen passen, ändern Sie die Rollen. Versuchen Sie nicht, die Leute zu ändern (wenigstens nicht allzu sehr). Verhalten Sie sich nicht so, als gäbe es keine Probleme. Wenn eine Rolle besagt: »Diese Person muss gewillt sein, große Risiken einzugehen«, und Sie haben es stattdessen mit einem Pedanten zu tun, dann müssen Sie eine andere Verteilung von Verantwortlichkeiten finden, die Ihre Ziele erfüllt, ohne die besagte Rolle durch einen Abenteurer füllen zu können.

Beispielsweise habe ich einmal mit einem Manager über eines seiner Teams gesprochen. Ein Programmierer war zugleich der Kunde. Ich sagte, dass dies unmöglich funktionieren könne, da der Programmierer den Prozess ausführen und technische Entscheidungen fällen muss, geschäftliche Entscheidungen jedoch dem Kunden überlassen muss (siehe den Abschnitt »Das Planungsspiel« in Kapitel 15).

Der Manager stritt mit mir. »Der Typ ist ein richtiger Finanzmakler«, sagte er, »er kann nur zufällig auch noch programmieren. Die anderen Finanzmakler mögen ihn und respektieren ihn und sind bereit, ihm zu vertrauen. Er hat eine solide Vorstellung davon, wie das System aussehen wird. Die anderen Programmierer können unterscheiden, wann er als Kunde spricht und wann er technische Entscheidungen fällt.«

Gut. Die Regeln besagen, dass ein Programmierer nicht gleichzeitig der Kunde sein kann. In diesem Fall gelten die Regeln aber nicht. Was immer noch gilt, ist die Trennung von geschäftlichen und technischen Entscheidungen. Das gesamte Team, der Programmierer/Kunde und insbesondere der Coach müssen sich darüber im Klaren sein, welche Rolle der Programmierer/Kunde zu einem bestimmten Zeitpunkt einnimmt. Und der Coach muss sich bewusst sein, dass diese Doppelrolle eine mögliche Ursache von Problemen darstellt, wenn das Team in Schwierigkeiten gerät, auch wenn sich diese Anordnung in der Vergangenheit bewährt haben mag.

Programmierer

Der Programmierer steht im Mittelpunkt von XP. Wenn Programmierer Entscheidungen treffen könnten, bei denen kurz- und langfristige Interessen sorgfältig gegeneinander abgewogen wären, dann würde man außer Programmierern eigentlich keine anderen technisch versierten Mitarbeiter im Projekt brauchen. Natürlich gäbe es auch keinen Bedarf für Programmierer, wenn der Kunde eine Software nicht unbedingt bräuchte, um sein Geschäft zu führen, und daher darf man sich nicht allzu viel darauf einbilden, ein wichtiger Programmierer zu sein.

Oberflächlich betrachtet ähnelt das Dasein als XP-Programmierer stark dem Dasein der Programmierer in anderen Softwareentwicklungsdisziplinen. Man verbringt seine Zeit mit dem Bearbeiten von Programmen, indem man sie größer, einfacher, schneller macht. Die Schwerpunkte sind jedoch ganz anders verteilt. Ihre Arbeit ist nicht getan, wenn der Computer versteht, was er tun soll. Ihr oberstes Ziel ist, mit anderen Leuten zu kommunizieren. Wenn das Programm läuft, aber eine wichtige Kommunikationskomponente noch nicht fertig ist, dann sind Sie noch nicht fertig. Sie schreiben Tests, die einen wichtigen Aspekt der Software darstellen. Sie teilen das Programm in kleinere Komponenten auf oder führen Komponenten, die zu klein sind, in größere, kohärente Komponenten zusammen. Sie finden ein Benennungssystem, das Ihre Absichten besser zum Ausdruck bringt.

Es gibt Fertigkeiten, die Sie als XP-Programmierer besitzen müssen, die bei anderen Arten der Softwareentwicklung nicht erforderlich sind oder auf die dort weniger Wert gelegt wird. Das Programmieren in Paaren lässt sich erlernen, aber oft stehen dem die Arbeitsweise der Leute entgegen, die typischerweise Programmierer werden. Vielleicht sollte ich das weniger wortreich ausdrücken: Computerfreaks sind in der Regel nicht besonders kommunikativ. Es gibt mit Sicherheit Ausnahmen und man kann auch lernen, mit anderen Leuten zu reden, aber es ist und bleibt eine Tatsache, dass man mit anderen Programmierern kommunizieren und eng zusammenarbeiten muss, um erfolgreich zu sein.

Eine weitere Fertigkeit, die von XP-Programmierern gefordert wird, ist die Fähigkeit zur Vereinfachung. Wenn der Kunde sagt, »Sie müssen das, das und das tun«, dann müssen Sie darauf vorbereitet sein, zu diskutieren, ob und in welchen Ausmaß diese Dinge wirklich erforderlich sind. Einfachheit bezieht sich auch auf den Code, den man schreibt. Ein Programmierer, der jedes neue Analyse- und Designmuster parat hat, wird wahrscheinlich in XP nicht sehr erfolgreich sein. Natürlich kann man bessere Arbeit leisten, wenn mehr Tools zur Verfügung stehen, aber es ist viel wichtiger, über eine Hand voll Tools zu verfügen, die man kennt und gut einsetzen kann, als alles über alles zu wissen und eine zu aufwändige Lösung zu riskieren.

Man benötigt natürlich auch Fertigkeiten, die eher technischer Natur sind. Man muss einigermaßen gut programmieren können. Man muss in der Lage sein, Refactoring zu betreiben, wobei es sich um eine Fertigkeit handelt, die mindestens ebenso komplex und schwer ist wie das Programmieren. Man muss seinen Code mithilfe von Komponententests testen können, wozu, wie beim Refactoring, Geschmack und Urteilsvermögen erforderlich sind.

Man muss zu Gunsten gemeinsamer Verantwortung bereit sein, die Verantwortung für einen bestimmten Teil des Systems aufzugeben. Wenn jemand den Code ändert, den Sie geschrieben haben, dann müssen Sie den Änderungen vertrauen und von ihnen lernen, ganz gleich, um welchem Teil des Systems es sich handelt. Wenn die Änderungen schlecht sind, dann müssen Sie natürlich versuchen, es besser zu machen.

Vor allem muss man bereit sein, vier Ängste einzugestehen. Jeder hat Angst davor:

- für dumm gehalten zu werden
- für nutzlos gehalten zu werden
- überflüssig zu werden
- nicht gut genug zu sein

Ohne Mut funktioniert XP einfach nicht. Sie würden die ganze Zeit damit beschäftigt sein, nicht zu scheitern. Wenn Sie stattdessen bereit sind, mit der Unterstützung Ihres Teams Ihre Ängste einzugestehen, dann werden Sie zu einem Team gehören, das Spaß daran hat, großartige Software zu schreiben.

Kunde

Der Kunde ist die andere Hälfte der grundlegenden Dualität von XP. Der Programmierer weiß, wie man programmiert. Der Kunde weiß, was programmiert werden muss. Nun gut, vielleicht nicht am Anfang, aber der Kunde ist genauso gewillt dazuzulernen wie der Programmierer.

Es ist nicht einfach, XP-Kunde zu sein. Man muss sich bestimmte Fertigkeiten, z.B. Storycards schreiben, und eine Haltung aneignen, die einem zum Erfolg verhelfen. Vor allem aber muss man sich daran gewöhnen, ein Projekt beeinflussen, aber nicht kontrollieren zu können. Kräfte, die nicht der Kontrolle des Kunden unterliegen, formen ebenso wie die Entscheidungen des Kunden das, was tatsächlich erstellt wird. Änderungen der Geschäftsbedingungen, der Technologie oder der Zusammensetzung und Fähigkeiten des Teams haben alle einen großen Einfluss darauf, welche Software fertig gestellt wird.

Man muss Geschäftsentscheidungen fällen. Dies war für einige Kunden, mit denen ich gearbeitet habe, die am schwersten zu erlernende Fertigkeit. Die Kunden sind gewohnt, dass die IT-Abteilung nicht die Hälfte von dem fertig stellt, was sie verspricht, oder dass das, was sie fertig stellt, zur Hälfte falsch ist. Der Kunde hat gelernt, den Wünschen der IT-Abteilung nie nachzugeben, da man sowieso enttäuscht werden wird. XP funktioniert mit einem solchen Kunden nicht. Wenn Sie XP-Kunde sind, ist das Team darauf angewiesen, dass Sie eindeutig sagen können: »Das ist wichtiger als dies«, »So viel von diesem Leistungsmerkmal ist ausreichend«, »Diese Gruppe von Leistungsmerkmalen ist ausreichend.« Und wenn der Terminplan eng wird – und er wird immer eng –, dann muss das Team in der Lage sein, die Meinung des Kunden zu ändern. »Nun gut, ich denke, wir brauchen dies im nächsten Quartal nicht unbedingt.« Ist der Kunde in der Lage, solche Entscheidungen zu treffen, kann das Team unter Umständen die Situation retten und seinen Stress so weit verringern, dass es dem Kunden sein Bestes geben kann.

Die besten Kunden sind diejenigen, die das in Entwicklung befindliche System tatsächlich verwenden werden und die darüber hinaus eine bestimmte Perspektive auf das Problem haben, das es zu lösen gilt. Wenn Sie solch ein Kunde sind, dann müssen Sie sich darüber im Klaren sein, dass Sie Dinge oft auf eine bestimmte Art und Weise angehen, weil Sie das immer so gehandhabt haben, und nicht, weil dies in einer bestimmten grundlegenden Qualität des Problems begründet liegt. Falls Sie das System nicht selbst einsetzen, dann müssen Sie sich umso mehr anstrengen, um die Anforderungen der tatsächlichen Anwender korrekt repräsentieren zu können.

Sie müssen lernen, wie man Storycards schreibt. Anfangs scheint dies eine unmöglich zu bewältigende Aufgabe zu sein, aber das Team gibt Ihnen umfangreiche Feedbacks zu den ersten Storycards, die Sie schreiben, sodass Sie rasch lernen werden, wie umfangreich die Beschreibung sein soll und welche Informationen darin aufzunehmen oder auszuschließen sind.

Sie müssen lernen, Funktionstests zu schreiben. Falls Sie der Kunde einer mathematischen Anwendung sind, dann ist diese Aufgabe einfach – einige Minuten oder Stunden mit einer Tabellenkalkulation zu verbringen sollte ausreichen, die für den Testfall erforderlichen Daten zu erstellen. Vielleicht erstellt aber auch das Team ein Tool für Sie, das die Eingabe neuer Testfälle erleichtert. Programme mit einer formelhaften Grundlage (z.B. ein Arbeitsablauf) erfordern ebenso Funktionstests. Sie müssen in diesem Fall eng mit dem Team zusammenarbeiten, um herauszufinden, welche Dinge getestet werden sollen und welche Arten von Tests redundant sind. Einige Teams stellen Ihnen vielleicht technische Unterstützung zur Seite, die Ihnen bei der Auswahl, der Erarbeitung und der Ausführung der Tests behilflich ist. Ihr Ziel sollte es sein, Tests zu schreiben, von denen Sie sagen können: »Wenn diese Tests fehlerfrei laufen, dann bin ich mir sicher, dass das System fehlerfrei läuft.«

Tester

Da ein großer Teil der Verantwortung für die Tests auf den Schultern der Programmierern ruht, ist die Rolle des Testers in einem XP-Team wirklich auf den Kunden konzentriert. Der Tester ist verantwortlich dafür, dem Kunden bei der Auswahl und der Erarbeitung von Funktionstests zu helfen. Falls die Funktionstests nicht Bestandteil der Integrationsreihe sind, dann ist der Tester dafür verantwortlich, die Funktionstests regelmäßig auszuführen und die Ergebnisse an gut und für alle sichtbarer Stelle bekannt zu geben.

Ein XP-Tester ist nicht eigens dazu abgestellt, Fehler im System zu entdecken und die Programmierer zu demütigen. Jemand muss allerdings die Tests regelmäßig ausführen (falls man nicht gleichzeitig Komponententests und Funktionstests ausführen kann), die Ergebnisse bekannt geben und sicherstellen, dass die Testtools einwandfrei funktionieren.

Terminmanager

Als Terminmanager stellt man das Gewissen des Teams dar.

Zu guten Aufwandsschätzungen zu kommen ist eine Frage der Übung und des Feedbacks. Man muss eine Menge Aufwandsschätzungen anstellen und dann prüfen, ob die Wirklichkeit die Schätzungen bestätigt. Aufgabe des Terminmanager ist es, die Feedbackschleife zu schließen. Wenn das Team das nächste Mal Schätzungen trifft, dann muss der Terminmanager sagen können: »Zwei Drittel Eurer Aufwandsschätzungen waren letztes Mal um mindestens 50% zu hoch.« Zu einzelnen Programmierern muss der Terminmanager sagen können: »Deine Einschätzungen sind entweder viel zu hoch oder viel zu niedrig.« Die nächsten Aufwandsschätzungen liegen nach wie vor in der Verantwortung der Leute, die das implementieren, was geschätzt wird, aber der Terminmanager muss ihnen das Feedback gegeben haben, sodass die nächsten Schätzungen besser als die vorhergehenden sein können.

Der Terminmanager ist zudem verantwortlich, das gesamte Projekt im Auge zu behalten. Etwa zur Halbzeit einer Iteration sollte er dem Team sagen können, ob es den Liefertermin halten kann, wenn es den gegenwärtigen Kurs weiter verfolgt, oder ob es etwas ändern muss. Nach einigen Iterationen eines verpflichtenden Terminplans sollte man dem Team sagen können, ob es die nächste Version, ohne große Änderungen vorzunehmen, rechtzeitig fertig stellen kann.

Der Terminmanager ist der Historiker des Teams. Er verzeichnet die Ergebnisse der Funktionstests. Er führt Protokoll über die gemeldeten Fehler oder Mängel, wer dafür die Verantwortung übernahm und welche Testfälle wegen dieser Mängel hinzugefügt wurden.

Der Terminmanager muss sich insbesondere darin üben, die benötigten Informationen zu sammeln, ohne den Arbeitsablauf mehr als unbedingt erforderlich zu stören. Er soll den Arbeitsablauf ein klein wenig stören, um den Teammitgliedern bewusst zu machen, wie lange sie an einer Aufgabe wirklich arbeiten, was ihnen nicht so klar wäre, wenn der Terminmanager nicht fragen würde. Er darf allerdings nicht so lästig werden, dass ihm die Teammitglieder aus dem Weg gehen.

Coach

Als Coach ist man für den Gesamtprozess verantwortlich. Der Coach merkt, wenn einzelne Leute eine falsche Richtung einschlagen und macht das Team darauf aufmerksam. Er bleibt ruhig, wenn alle anderen in Panik geraten, und denkt daran, dass man innerhalb der nächsten zwei Wochen nur die Arbeit von zwei Wochen oder weniger erledigen kann und dass das entweder ausreicht oder nicht.

Jeder im XP-Team muss bis zu einem gewissen Grad verstehen können, wie XP im Team angewendet wird. Vom Coach wird ein viel tieferes Verständnis erwartet – welche alternativen Verfahren bei der aktuellen Problemlage weiterhelfen können, wie andere Teams XP einsetzen, welche Konzepte hinter XP stehen und in welcher Beziehung diese zur aktuellen Situation stehen.

Ich fand an der Arbeit eines Coachs am schwierigsten, dass man die besten Ergebnisse erzielt, wenn man indirekt vorgeht. Wenn man einen Fehler im Design findet, muss man zuerst entscheiden, ob der Fehler so schwerwiegend ist, dass interveniert werden muss. Mit jedem Mal, das man das Team in eine andere Richtung lenkt, nimmt man ihm etwas Selbstbewusstsein. Wenn man zu viel lenkt, dann verliert das Team seine Fähigkeit, ohne Coach zu arbeiten, was zu geringerer Produktivität, geringerer Qualität und einer geringeren Arbeitsmoral führt. Als Coach muss man daher zuerst entscheiden, ob das erkannte Problem so ernst ist, dass man das Risiko des Intervenierens auf sich nimmt.

Wenn man zu dem Schluss kommt, man es wirklich besser als das Team weiß, dann sollte man so unaufdringlich wie möglich seine Meinung darlegen. Es ist beispielsweise weit besser, einen Testfall vorzuschlagen, der sich nur sauber implementieren lässt, wenn man das Design korrigiert, als einfach loszulegen und das Design selbst zu korrigieren. Es ist aber eine Kunst, nicht auf direkte Weise zu sagen, wie man etwas sieht, sondern es so auszudrücken, dass das Team es auch so sehen kann.

Gelegentlich muss man allerdings direkt sein, so direkt, dass es unhöflich wirken kann. Zuversichtliche, aggressive Programmierer sind genau deswegen wertvoll, weil sie zuversichtlich und aggressiv sind. Sie sind dadurch aber auch oft von einer gewissen Art von Blindheit geschlagen, die sich nur durch unverblümtes Reden heilen lässt. Wenn man zugelassen hat, dass sich eine Situation bis zu einem Punkt entwickelt hat, an dem die sanfte Hand am Zügel nichts mehr bewirkt, dann muss man bereit sein, die Zügel fest in beide Hände zu nehmen und zu lenken. Aber nur so lange, bis sich das Team wieder gefangen hat. Dann muss man eine Hand wieder loslassen.

Ich möchte hier etwas über die Fertigkeiten eines Coachs sagen. Ich bin stets in der Position, die Fertigkeiten von XP zu unterrichten – einfaches Design, Refactoring, Testen. Ich denke aber nicht, dass dies ein notwendiger Bestandteil der Aufgabenbeschreibung eines Coachs ist. Wenn man ein in technischer Hinsicht souveränes Team hat, das aber in seinem Prozess Unterstützung braucht, dann kann man als Coach fungieren, ohne ein Technikexperte zu sein. Man muss die Technikfreaks immer noch davon überzeugen, dass sie einem zuhören. Wenn die Fähigkeiten erst einmal entwickelt sind, besteht meine Aufgabe meist darin, das Team daran zu erinnern, auf welche Art und Weise es sich in bestimmten Situationen verhalten wollte.

Die Rolle des Coachs wird immer unbedeutender, wenn das Team reifer wird. Gemäß der Prinzipien der verteilten Kontrolle und der Übernahme von Verantwortung sollte »der Prozess« in der Verantwortung aller liegen. Am Beginn der Umstellung auf XP ist dies von den Programmierern zu viel verlangt.

Berater

XP-Projekte bringen nicht viele Spezialisten hervor. Da jeder mit jedem ein Paar bilden kann und die Partner so häufig wechseln und jeder für eine bestimmte Aufgabe die Verantwortung übernehmen kann, ist die Wahrscheinlichkeit gering, dass sich in dem System schwarze Löcher entwickeln, die nur ein oder zwei Leute verstehen.

Das ist eine Stärke, da das Team extrem flexibel ist; aber es ist auch eine Schwäche, da das Team manchmal eingehende technische Kenntnisse braucht. Die Betonung, die auf ein einfaches Design gelegt wird, trägt dazu bei, dass dies selten vorkommt, aber es kommt eben von Zeit zu Zeit vor.

In diesem Fall braucht das Team einen Berater. Wenn Sie Berater sind, dann sind Sie wahrscheinlich nicht mit XP vertraut. Sie werden wahrscheinlich das, was das Team tut, mit einem gewissen Maß an Skepsis betrachten. Das Team muss sich aber über das Problem vollkommen klar sein, das es lösen muss. Es sollte Ihnen Tests zur Verfügung stellen können, die genau zeigen, wann das Problem gelöst ist (das Team wird sogar auf diese Tests bestehen).

Das Team wird aber sicher nicht zulassen, dass Sie sich zurückziehen und das Problem allein lösen. Es wird wahrscheinlich viele Fragen stellen. Man wird Ihr Design und Ihre Annahmen infrage stellen, um zu sehen, ob man nicht etwas Einfacheres findet, das ebenso gut funktioniert.

Und wenn Sie fertig sind, wirft das Team wahrscheinlich alles weg, was Sie getan haben, und beginnt von vorn. Das darf Sie nicht kränken. Das Team tut sich dasselbe jeden Tag in geringem Maße an und etwa einmal im Monat wirft man einen ganzen Tag Arbeit weg.

Big Boss

Wenn Sie der Big Boss sind, dann sind Sie vor allem dazu da, dem Team Mut und Zuversicht zu geben und gelegentlich darauf zu bestehen, dass das Team das tut, was es zu tun behauptet. Es wird für Sie anfangs wahrscheinlich schwierig sein, mit dem Team zu arbeiten. Das Team wird Sie bitten, es häufig zu überprüfen. Es wird die Konsequenzen von Änderungen in einer bestimmten Situation erläutern. Wenn Sie dem Team beispielsweise nicht den neuen Tester besorgen, den es angefordert hat, dann wird es Ihnen genau erklären, wie sich dies auf den Terminplan auswirken wird. Wenn Sie die Antwort des Teams nicht mögen, wird das Team Sie dazu auffordern, den Umfang des Projekts zu reduzieren.

Da dies von einem XP-Team kommt, handelt es sich um ehrliche Kommunikation. Das Team jammert nicht, ganz bestimmt. Das Team möchte, dass Sie so bald wie möglich erfahren, wenn es vom Plan abweicht, damit Sie möglichst viel Zeit haben, darauf zu reagieren.

Das Team ist auf Ihren Mut angewiesen, da das, was es tut, Ihnen manchmal verrückt vorkommen kann, insbesondere wenn Sie aus der Softwareentwicklung kommen. Einige der Ideen werden Sie anerkennen und billigen, wie die starke Betonung des Testens. Einige scheinen anfangs völlig abwegig zu sein, wie z.B. dass das Programmieren in Paaren eine produktivere und effizientere Weise des Programmierens ist oder dass die ständige Verfeinerung des Designs eine weniger riskante Weise ist, ein Design zu entwerfen. Beobachten Sie das Team eine Weile, und schauen Sie sich an, was es produziert. Wenn es nicht funktioniert, können

Sie einschreiten. Wenn es funktioniert, dann haben Sie es geschafft, weil Sie ein Team haben, das produktiv arbeitet, das die Kunden zufrieden stellt und das alles tut, um Sie niemals böse zu überraschen.

Das heißt nicht, dass das Team nicht von Zeit zu Zeit Fehler macht. Es wird Fehler machen. Sie sehen sich an, was das Team tut, und es erscheint Ihnen nicht sinnvoll. Sie bitten das Team um eine Erklärung und die Erklärung ist auch nicht sinnvoll. In solchen Momenten verlässt sich das Team darauf, dass Sie es stoppen und auffordern, die eigene Arbeit genauer zu betrachten. Sie sind nicht ohne Grund auf dieser Position. Das Team möchte Ihre Fähigkeit für sich nutzen, wenn es sie braucht. Ehrlich gesagt, möchte es nicht in den Genuss dieser Fähigkeit kommen, wenn es sie nicht braucht.

23 Die 20:80-Regel

Die Bedeutung von XP kommt erst dann voll zum Tragen, wenn alle Verfahren eingesetzt werden. Viele dieser Verfahren lassen sich schrittweise übernehmen, ihre Wirkung potenziert sich jedoch, wenn sie alle zusammen im Einsatz sind.

Softwareprogrammierer sind daran gewöhnt, mit der 20:80-Regel umzugehen, die besagt, dass 80% des Gewinns aus 20% der Arbeit stammen. XP nutzt diese Regel für sich – man geht mit den wertvollsten 20% an Funktionalität in Produktion, stellt die wertvollsten 20% des Designs fertig und verlässt sich auf die 20:80-Regel, um Optimierungen aufzuschieben.

Damit die 20:80-Regel anwendbar ist, muss das fragliche System über bestimmte Kontrollmöglichkeiten verfügen, die relativ unabhängig voneinander sind. Wenn ich beispielsweise das Leistungsverhalten eines Programms optimiere, dann hat jede Stelle, die ich optimieren könnte, im Allgemeinen Einfluss auf andere Stellen, die ich optimieren könnte. Ich werde mich nie in einer Lage befinden, in der ich die langsamste Funktion optimiere und dann feststelle, dass ich auf Grund dieser Optimierung die nächste Funktion nicht optimieren kann. In einem System mit voneinander unabhängigen Kontrollmöglichkeiten müssen einige dieser Kontrollmöglichkeiten wichtiger als andere sein.

Ward Cunningham erzählt von einem Buch, das ihm geholfen hat, sich auf Skiabfahrten für Fortgeschrittene zu wagen, namens *The Athlethic Skier*[1]. Das halbe Buch handelt davon, wie man seine Stiefel einstellt, damit man den Berg fühlt und im Gleichgewicht ist. Dann heißt es in dem Buch: »Aber Sie werden nur 20% der Fortschritte bemerken, nachdem Sie 80% dieser Übungen ausgeführt haben.« Dann wird erklärt, dass es einen großen Unterschied macht, ob man im Gleichgewicht ist oder ob man nicht im Gleichgewicht ist. Wenn man ein wenig aus dem Gleichgewicht geraten ist, dann kann man genauso gut auch stark aus dem Gleichgewicht sein. Und es sind eine Menge kleiner Faktoren, wie die richtige Passform der Stiefel, die bewirken, dass man das Gleichgewicht hält. Wenn einer dieser Faktoren nicht stimmt, dann stimmt das Gleichgewicht nicht mehr. Man bemerkt langsam Fortschritte, aber die letzten Änderungen, die Sie vornehmen, werden eine große Wirkung haben.

Ich denke (und das ist nur eine Hypothese), das XP dem gleicht. Die Verfahren und Prinzipien arbeiten zusammen und unterstützen einander gegenseitig, um eine Synergie zu erzeugen, die größer als die Summe der einzelnen Teile ist. Es

1. Warren Witherell und Dough Evrard, *The Athlethic Skier*, Johnson Books, 1993

liegt nicht bloß daran, dass Sie testen, sondern Sie testen ein einfaches System, und es wurde einfach, da Sie einen Programmierpartner hatten, der Sie zum Refactoring aufforderte, Sie daran erinnerte, mehr Tests zu schreiben, und Sie lobte, wenn Sie etwas Kompliziertes vereinfacht haben und ...

Dies stellt uns vor ein Dilemma. Bedeutet XP, dass man alles oder nichts wählen muss? Müssen wir diese Verfahren haargenau einhalten und riskieren sonst, dass wir keine Fortschritte machen? Keineswegs. Einzelne Elemente von XP können bedeutende Vorteile bringen. Ich glaube lediglich daran, dass man sehr viel mehr gewinnen kann, wenn man alle Einzelteile zusammenfügt.

24 Was macht XP schwierig?

Obwohl die einzelnen Verfahren von einfachen Programmierern ausgeführt werden können, ist es schwierig, alle Einzelteile zusammenzufügen und zusammenzuhalten. Es sind vor allem die Empfindungen – insbesondere Angst –, die XP schwierig machen.

Wenn mich Leute über XP reden hören, sagen sie »Aber bei Ihnen hört sich das so einfach an.« Nun, das liegt daran, dass es einfach ist. Man muss kein Dokter der Informatik sein, um zu einem XP-Projekt beitragen zu können (ehrlich gesagt haben die Doktoren sogar die meisten Schwierigkeiten damit).

XP ist einfach in seinen Details, aber schwierig in der Ausübung.

Lesen wir den Satz nochmals. XP ist einfach, aber es ist nicht leicht? Genau. Die Verfahren, aus denen sich XP zusammensetzt, lassen sich von jedem erlernen, der einen anderen überzeugt hat, ihn dafür zu bezahlen, dass er programmiert. Das ist nicht der schwierige Teil. Der schwierige Teil ist, alle Einzelteile zusammenzufügen und sie dann im Gleichgewicht zu halten. Die Einzelteile neigen dazu, sich gegenseitig zu unterstützen, aber es gibt viele Probleme, Bedenken, Ängste, Ereignisse und Fehler, die den Prozess aus dem Gleichgewicht bringen können. Der einzige Grund, warum man einen erfahrenen Techniker dafür »opfert«, die Rolle des Coachs zu übernehmen, besteht darin, dass es so schwierig ist, den Prozess im Gleichgewicht zu halten.

Ich möchte Ihnen keine Angst machen. Nicht mehr als unbedingt erforderlich. Die meisten Softwareentwicklungsgruppen könnten XP praktizieren. (Ausnahmen werden im nächsten Kapitel beschrieben.)

Folgende Dinge fand ich sowohl schwierig an XP, wenn ich es auf meinen eigenen Code anwende, als auch, wenn ich als Coach von Teams diene, die XP übernehmen. Ich möchte nicht, dass Sie sich diese Probleme aneignen, aber wenn der Übergang zu XP schwer fällt (und ich verspreche Ihnen, diese Tage wird es geben), sollten Sie wissen, dass Sie mit diesen Schwierigkeiten nicht alleine sind. Sie tun sich schwer, weil Sie etwas Schwieriges tun.

Es ist schwierig, einfache Dinge zu tun. Es scheint verrückt, aber gelegentlich ist es leichter, etwas Kompliziertes zu tun als etwas Einfaches. Das ist insbesondere dann wahr, wenn man in der Vergangenheit erfolgreich komplizierte Dinge getan hat. Zu lernen, die Welt auf möglichst einfache Weise zu sehen und darzustellen, ist ein großes Talent und eine Herausforderung. Die Herausforderung besteht darin, dass Sie möglicherweise Ihr Wertesystem ändern müssen. Statt beeindruckt zu sein, wenn jemand (beispielsweise Sie) etwas Kompliziertes zum Laufen bringt, müssen Sie lernen, mit Kompliziertem unzufrieden zu sein und nicht eher zu ruhen, bevor Sie sich nichts Einfacheres mehr vorstellen können, was gleichermaßen funktioniert.

Es fällt schwer, zuzugeben, dass man etwas nicht weiß. Dies macht aus der Übernahme von XP eine persönliche Herausforderung, da XP eine Disziplin ist, die auf der Prämisse basiert, dass man nur so schnell entwickeln kann, wie man lernt. Und wenn man lernt, heißt dies, dass man es zuvor nicht wusste. Es mag vielleicht eine beängstigende Vorstellung für Sie sein, zum Kunden zu gehen und ihn zu bitten, Ihnen zu erklären, was für ihn die grundlegendsten Konzepte sind. Es wird Sie ängstigen, sich Ihrem Programmierpartner zuzuwenden und zuzugeben, dass es einige grundlegende Dinge in der Informatik gibt, die Sie niemals richtig verstanden haben oder die Sie vergessen haben.

Es ist schwierig, mit jemanden zusammenzuarbeiten. Unser gesamtes Bildungssystem zielt auf individuelle Leistung ab. Wenn man mit jemandem an einem Projekt arbeitet, nennt der Lehrer das Schummeln und bestraft einen. Die Gratifikationssysteme der meisten Unternehmen, die auf individuellen Leistungsbewertungen und Gehaltserhöhungen basieren (und oft als Nullsummenspiel besetzt werden), fördern zudem das individuelle Leistungsdenken. Sie müssen wahrscheinlich neue Fertigkeiten im Umgang mit Leuten lernen, wenn Sie so eng in einem Team zusammenarbeiten wie in XP.

Es ist schwierig, emotionale Schwellen zu überwinden. Das reibungslose Funktionieren eines XP-Projekts beruht auf dem ständigen Umgang mit Emotionen. Wenn jemand frustriert oder wütend ist und nicht darüber spricht, dauert es nicht lange, bis das Team nicht mehr die erwarteten Leistungen erbringt. Wir haben gelernt, unser Gefühlsleben von unserem Arbeitsleben zu trennen, aber das Team kann nicht effizient funktionieren, wenn die Kommunikation nicht aufrechterhalten wird, Ängste nicht eingestanden, Wut nicht entladen und Freude nicht geteilt werden.

Wenn sich dies so anhört, als sei XP eine dieser Erfahrungen, von denen Althippies schwärmen, dann ist das ein Missverständnis. Ich habe von XP eine andere Vorstellung. Ich habe versucht, Software zu entwickeln, indem ich so tat, als hätte ich keine Gefühle, und eben diese Distanz auch von meinen Kollegen gefordert habe. Es hat nicht funktioniert. Ich rede darüber, wie ich mich fühle, wenn andere darüber reden, wie sie sich fühlen, und der Prozess läuft viel reibungsloser ab.

Die XP-Verfahren sind dem entgegengesetzt, was wir gehört, gesagt und vielleicht in der Vergangenheit erfolgreich praktiziert haben. Eine der großen Schwierigkeiten besteht einfach darin, wie anders XP aussieht. Wenn ich einen neuen Manager zum ersten Mal treffe, habe ich oft Angst, dass ich mich radikal oder verrückt oder unpraktisch anhöre. Ich kenne allerdings kein besseres Verfahren, Software zu entwickeln, und daher überwinde ich diese Angst schließlich. Machen Sie sich aber auf heftige Reaktionen gefasst, wenn Sie XP erläutern.

Kleine Probleme können eine große Wirkung haben. Ich halte die Grundlagen von XP für recht robust, sodass der Prozess eine Menge Variationen tolerieren kann. Kleinigkeiten haben aber oft große Auswirkungen. In dem Chrysler-C3-Projekt zur Entwicklung eines Gehaltsabrechnungssystems hatte das Team einmal Schwierigkeiten damit, seine Aufwandsschätzungen einzuhalten. Eine Iteration nach der anderen wurden ein oder zwei Leistungsmerkmale gestrichen, da man sie nicht rechtzeitig implementieren konnte. Es hat drei oder vier Monate gedauert, bis ich der Ursache des Problems auf die Spur kam. Ich hörte jemanden vom »Erster-Dienstag-Syndrom« reden. Ich fragte, was das sei, und das Teammitglied antwortete: »Das Gefühl, das man am Tag nach dem Iterationsplanungs-Meeting bekommt, wenn man ins Büro kommt, sich seine Storycards ansieht und erkennt, dass man nicht weiß, wie man sie innerhalb der geschätzten Zeit implementieren soll.«

Ich hatte den Prozess ursprünglich wie folgt definiert:

1. Aufgaben übernehmen.
2. Die übernommenen Aufgaben einschätzen.
3. Ausgleichen, falls jemand zu viele Aufgaben übernommen hat.

Das Team wollte den dritten Schritt vermeiden und hat den Prozess wie folgt abgeändert:

1. Aufgaben gemeinsam einschätzen.
2. Aufgaben übernehmen.

Das Problem war, dass die Person, die Verantwortung für eine Aufgabe übernahm, nicht für deren Aufwandsschätzung verantwortlich war. Die Teammitglieder kamen am nächsten Tag ins Büro und sagten: »Warum dauert das drei Tage? Ich weiß nicht einmal, was dafür alles erforderlich ist.« Sie werden vermuten, dass dies für einen Programmierer nicht der produktivste Zustand ist. Die Leute haben in jeder Iteration auf Grund des »Erster-Dienstag-Syndroms« einen oder zwei Tage verloren. Kein Wunder, dass sie ihre Ziele nicht erreicht haben.

Ich erwähne diese Geschichte, um zu illustrieren, dass kleine Probleme im Prozess große Auswirkungen haben können. Ich möchte damit nicht sagen, dass Sie alles genauso machen sollten, wie ich es hier sage oder dass es Ihnen sonst Leid tun wird. Sie müssen nach wie vor die Verantwortung für Ihren eigenen Prozess übernehmen. Genau das macht XP so schwierig – indem Sie Verantwortung für Ihren eigenen Entwicklungsprozess übernehmen, sind Sie dafür verantwortlich, auf Probleme aufmerksam zu werden und sie zu lösen.

Projekte durch fortwährende, kleine Richtungskorrekturen zu steuern widerspricht der Vorstellung des »In-die-richtige-Richtung-Zeigens«, die in vielen Unternehmen vorherrscht. Eine letzte Schwierigkeit, eine, die ein XP-Projekt leicht zum Absturz bringen kann, besteht darin, dass in vielen Unternehmenskulturen diese Art des Steuerns einfach nicht akzeptiert wird. Früh vor Problemen zu warnen gilt als Anzeichen von Schwäche oder Jammerei. Sie müssen Mut haben, wenn die Firma Sie auffordert, sich widersprüchlich zu dem Prozess zu verhalten, den Sie für sich gewählt haben.

25 Wann man XP nicht ausprobieren sollte

Die genauen Grenzen von XP sind noch nicht klar. Es gibt aber einige Bedingungen, die mit absoluter Gewissheit das Funktionieren von XP verhindern – große Teams, misstrauische Kunden, eine Technologie, die Veränderungen nicht unterstützt.

Es gibt Verfahren in XP, die unabhängig davon empfehlenswert sind, was Sie von der Sache insgesamt halten. Sie sollten diese Verfahren ausprobieren. Punkt. Testen ist ein gutes Beispiel hierfür. Das Planungsspiel funktioniert wahrscheinlich, auch wenn man vorab mehr Zeit für Aufwandsschätzungen und das Design aufwendet. Wie die 20:80-Regel besagt, besteht wahrscheinlich jedoch ein großer Unterschied zwischen dem Einsatz aller Verfahren und nicht aller Verfahren.

Ehrlich gesagt, sollte man nicht sämtliche Details von XP überall erzählen. Es gibt Zeiten, Orte, Leute und Kunden, die ein XP-Projekt wie einen Luftballon zum Platzen bringen können. Es ist wichtig, XP nicht in solchen Projekten einzusetzen. Es ist ebenso wichtig, XP dann nicht anzuwenden, wenn dieses Konzept scheitern muss, wie es wichtig ist, XP einzusetzen, wenn es echte Vorteile bietet. Darum geht es in diesem Buch – zu entscheiden, wann man XP verwenden sollte und wann nicht.

Ich werde Ihnen aber trotzdem nicht raten, XP nicht zu verwenden, wenn Sie Raketensprengköpfe bauen. Ich habe noch nie Software für Raketensprengköpfe entwickelt, und daher weiß ich nicht, wie es dabei zugeht. Daher kann ich Ihnen nicht sagen, dass XP dort funktionieren wird. Ich kann Ihnen aber genauso wenig sagen, dass es nicht funktionieren wird. Wenn Sie Software für Raketensprengköpfe entwickeln, dann können Sie selbst entscheiden, ob XP hier einsetzbar ist oder nicht.

Ich bin jedoch oft genug mit XP gescheitert, sodass ich einige der Bedingungen kenne, unter denen XP nicht funktioniert. Betrachten Sie dies als eine Liste der Umgebungen, von denen ich weiß, dass sie sich nicht zum Einsatz von XP eignen.

Das größte Hindernis für den Erfolg eines XP-Projekts ist die Kultur. Nicht die nationale Kultur, obwohl auch die eine Rolle spielt, sondern die Unternehmenskultur. Jedes Unternehmen, das Projekte abwickelt, indem es dem Team die Richtung vorgibt, wird sich mit einem Team schwer tun, das darauf besteht, selbst zu lenken.

Eine Variante des Vorgebens einer Richtung ist die große Spezifikation. Wenn ein Kunde oder Manager darauf besteht, eine komplette Spezifikation oder Analyse oder ein komplettes Design zu haben, bevor man mit einer Kleinigkeit wie dem

Programmieren beginnt, dann wird es unvermeidlich Differenzen zwischen der Kultur des Teams und der des Kunden oder Managers geben. Das Projekt mag trotzdem in der Lage sein, XP erfolgreich einzusetzen, aber es wird nicht leicht sein. Das Team wird den Kunden oder Manager auffordern, ein Dokument, das ihm das Gefühl von Kontrolle vermittelt, gegen einen Dialog einzutauschen (das Planungsspiel), der andauerndes Engagement erfordert. Für eine Person, die bereits überlastet ist, kann das sehr beängstigend sein.

Andererseits habe ich mit einem Bankkunden gearbeitet, der Berge von Papier liebte. Der Kunde bestand während des gesamten Projekts darauf, dass wir das System »dokumentieren«. Wir sagten ihm, dass wir dies gerne tun würden, wenn er damit einverstanden ist, weniger Funktionalität gegen mehr Papier einzutauschen. Wir haben monatelang von dieser »Dokumentation« zu hören bekommen. Während das Projekt fortschritt und es deutlich wurde, wie wichtig die Tests für die Stabilität des Systems und für die Kommunikation dessen waren, für welche Verwendung Objekte vorgesehen waren, wurde das Gerede von der Dokumentation immer leiser, obwohl es immer noch da war. Am Ende sagte der Entwicklungsleiter, er wolle eigentlich nur eine vierseitige Einführung in die Hauptobjekte des Systems. Was ihn betraf, hatte niemand, der alles Übrige, was er brauchte, nicht dem Code und den Tests entnehmen konnte, das Recht dazu, den Code zu bearbeiten.

Eine andere Kultur, die sich nicht mit XP verträgt, ist diejenige, die Sie zwingt, Überstunden zu machen, um Ihr »Engagement für die Firma« zu beweisen. Man kann XP nicht praktizieren, wenn man müde ist. Wenn ein Team so schnell wie möglich arbeitet und das Ergebnis dem Unternehmen nicht ausreicht, dann ist XP nicht die richtige Lösung. Werden in einem XP-Projekt zwei aufeinander folgende Wochen lang Überstunden gemacht, dann ist dies ein sicheres Zeichen dafür, dass mit dem Prozess etwas nicht stimmt und dass man dies besser korrigiert.

Wirklich intelligente Programmierer tun sich manchmal schwer mit XP. Für die Intelligenten kann es am schwersten sein, das Spiel »Richtig Tippen« gegen ständige Kommunikation und fortwährende Evolution einzutauschen.

Die Größe ist mit Sicherheit von Belang. Man könnte wahrscheinlich kein XP-Projekt mit einhundert Programmierern durchführen – auch nicht mit fünfzig und wahrscheinlich auch nicht mit zwanzig. Mit zehn Programmierern geht es sicher. Besteht das Team aus drei oder vier Programmierern, dann kann man einige der Verfahren, die sich auf die Koordination der Programmierer konzentrieren (wie das Iterationsplanungsspiel), gefahrlos über Bord werfen. Zwischen der Menge der zu produzierenden Funktionalität und der Menge der Personen, die diese produzieren, gibt es keine einfache lineare Beziehung. Wenn man es mit einem großen Projekt zu tun hat, kann man mit XP experimentieren und XP einen Monat lang mit einem kleinen Team ausprobieren, um festzustellen, wie schnell man mit XP entwickeln kann.

Der eigentliche Flaschenhals bei der Anpassung der Teamgröße ist der Integrationsprozess. Man muss diesen Prozess auf irgendeine Weise erweitern, um mehr Codestränge handhaben zu können, als beim Einsatz eines einzelnen Integrationsrechners möglich wären.

Sie sollten XP nicht einsetzen, wenn Sie eine Technologie verwenden, die eine exponentielle Kostenkurve bedingt. Wenn Sie beispielsweise das x-te Großrechnersystem für dieselbe relationale Datenbank entwickeln und sich nicht absolut sicher sind, dass das Datenbankschema Ihren Anforderungen entspricht, dann sollten Sie XP nie und nimmer einsetzen. XP beruht darauf, dass der Code sauber und einfach ist. Wenn Sie den Code kompliziert gestalten, damit er mit 200 vorhandenen Anwendungen kompatibel ist, dann werden Sie bald die Flexibilität verlieren, um deretwillen Sie XP übernommen haben.

Eine andere technologische Barriere für XP ist eine Umgebung, in der Feedbacks nur sehr langsam erfolgen können. Wenn es z.B. 24 Stunden dauert, ein System zu kompilieren und zu linken, dann kann man schwerlich mehrmals täglich integrieren, erstellen und testen. Wenn man einen zweimonatigen Qualitätssicherungsprozess durchlaufen muss, bevor man mit der Software in Produktion gehen kann, dann kann man kaum genug lernen, um erfolgreich zu sein.

Ich habe Umgebungen erlebt, in denen es einfach unmöglich war, Software realistisch zu testen – man arbeitet in der Produktion mit einem Millionen von Mark teuren Rechner, der voll ausgelastet ist, und es gibt einfach keinen weiteren solchen Rechner im Unternehmen. Oder es gibt so viele Kombinationen möglicher Probleme, dass man keine sinnvolle Testreihe innerhalb eines Tages ausführen kann. In diesem Fall ist es ganz richtig, nachzudenken statt zu testen. Aber dann praktiziert man nicht mehr XP. Als ich in dieser Art von Umgebung programmierte, hatte ich immer Hemmungen, das Design weiterzuentwickeln. Ich musste von vornherein Flexibilität einbauen. Man kann auch auf diese Weise gute Software erstellen, aber man sollte dazu nicht XP verwenden.

Erinnern Sie sich an die Geschichte mit den Programmierern in den Eckbüros? Wenn man die falsche physische Umgebung hat, kann XP nicht funktionieren. Ein großer Raum mit kleinen Arbeitsnischen an den Außenwänden und leistungsfähigen Rechnern auf Tischen in der Mitte ist die beste Umgebung, die ich kenne. Ward Cunningham erzählt von dem WyCash-Projekt, bei dem die Programmierer getrennte Büros hatten. Die Büros waren allerdings groß genug, sodass zwei Leute darin bequem arbeiten konnten, und wenn Programmierer einen Partner suchten, dann gingen sie einfach von einem Büro zum nächsten. Wenn man die Schreibtische nicht verrücken kann oder wenn der Lärmpegel Gespräche unmöglich macht oder wenn man nicht nahe genug beieinander ist, sodass sich keine zufällige Kommunikation ergeben kann, dann kann man XP nicht mit dem vollen Potenzial praktizieren.

Was funktioniert mit Sicherheit nicht? Wenn die Programmierer über zwei Stockwerke verteilt sind, hat XP keine Chance. Wenn die Programmierer weiträumig über ein Stockwerk verteilt sind, hat XP keine Chance. Geografisch getrennt könnte man möglicherweise arbeiten, wenn man zwei Teams hat, die an verwandten Projekten arbeiten, die nur begrenzt interagieren. Man könnte auch als ein großes Team starten, die erste Version ausliefern, das Team dann entlang der natürlichen Bruchlinien der Anwendung aufteilen und die beiden Teile getrennt weiterentwickeln.

Es ist schließlich völlig unmöglich, XP mit einem schreienden Baby im Raum zu praktizieren. Das können Sie mir glauben.

26 XP in der Praxis

Die meisten üblichen Verträge können für XP-Projekte eingesetzt werden, wenn auch mit leichten Veränderungen. Insbesondere werden Verträge mit festem Preis und festem Umfang zu Verträgen mit festem Preis, festem Datum und mehr oder weniger festem Umfang, wenn man das Planungsspiel anwendet.

Wie passt XP zu den üblichen Geschäftspraktiken? Die falsche Art von Vertrag kann ein Projekt leicht zunichte machen, ungeachtet der Tools, der Technologie und der Begabung der Mitarbeiter.

Dieses Kapitel untersucht einige Geschäftsbedingungen der Softwareentwicklung und wie man sie mit XP einsetzen kann.

Festpreis

Man hat anscheinend die meisten Schwierigkeiten, bei einem Projekt mit einem Festpreisvertrag XP einzusetzen. Wie kann man Verträge mit einem festen Preis, einem festen Lieferdatum oder einem festen Umfang abschließen, wenn man das Planungsspiel spielt? Am Ende wird man einen Vertrag mit einem festen Preis, einem festen Lieferdatum und variablem Umfang haben.

Jedes Projekt, an dem ich mitarbeitete und das einen festen Preis und einen festen Umfang hatte, endete damit, dass beide Parteien behaupteten: »Die Anforderungen waren nicht klar.« Das typische Projekt mit Festpreis und festem Umfang zieht die beiden Parteien in genau entgegengesetzte Richtungen. Der Lieferant möchte so wenig wie möglich tun und der Kunde möchte so viel wie möglich fordern. In diesem Spannungsverhältnis möchten beide Parteien ein erfolgreiches Projekt, sodass sie an ihren ursprünglichen Zielen Abstriche machen; Spannung wird jedoch immer herrschen.

In XP ändert sich diese Beziehung in subtiler, aber bedeutender Weise. Der anfängliche Umfang ist beispielhaft. »Wir können beispielsweise für fünf Millionen Mark die folgenden zwölf Leistungsmerkmale in 12 Monaten fertig stellen.« Der Kunde muss entscheiden, ob diese Leistungsmerkmale fünf Millionen Mark wert sind. Wenn das Team schließlich diese 12 zu Anfang genannten Leistungsmerkmale produziert, ist das großartig. Es ist jedoch wahrscheinlich, dass der Kunde einige dieser Leistungsmerkmale durch für ihn wertvollere ersetzt. Niemand beklagt sich darüber, wenn man etwas Wertvolleres erhält. Jeder beklagt sich, wenn man das erhält, wonach man gefragt hat, aber das nicht dem entspricht, was man jetzt möchte.

Statt eines festen Preises/Liefertermins/Umfangs bietet das XP-Team so etwas wie ein Abonnement. Das Team arbeitet eine bestimmte Zeit lang bestmöglich für den Kunden. Es folgt dem Kunden, wenn der etwas dazulernt. Am Beginn jeder Iteration hat der Kunde offiziell Gelegenheit, die Richtung zu ändern und völlig neue Leistungsmerkmale zu fordern.

Ein weiterer Unterschied von XP-Projekten ist durch die kurzen Releasezyklen bedingt. Man würde nie 12 oder 18 Monate lang an einem XP-Projekt arbeiten, ohne in Produktion zu sein. Sobald sich das Team dazu verpflichtet hat, Leistungsmerkmale mit einem Arbeitsaufwand von insgesamt 12 Monaten zu liefern, spielt man das Planungsspiel mit dem Kunden, um den Umfang der ersten Version festzulegen. Bei einem Vertrag über 12 Monate kann das System nach drei oder vier Monaten in Produktion gehen und anschließend durch monatliche oder zweimonatliche Versionen aktualisiert werden. Inkrementelle Lieferung bietet dem Kunden Möglichkeiten, den Vertrag zu beenden, falls das Projekt nicht so schnell voranschreitet wie anfänglich eingeschätzt oder wenn die Geschäftslage das gesamte Projekt nicht mehr rechtfertigt, und sie bietet Möglichkeiten, die Richtung des Projekts zu ändern.

Outsourcing

In der typischen Entwicklung mit externen Untervertragsnehmern bekommt der Kunde am Ende eine Menge Code, den er nicht pflegen kann. Der Kunde hat drei Möglichkeiten.

- Er versucht, das System selbst weiterzuentwickeln, wodurch die Weiterentwicklung des Systems auf ein Schneckentempo verlangsamt wird.
- Er kann den ursprünglichen Lieferanten mit der Weiterentwicklung des Systems beauftragen (der dafür möglicherweise eine Menge Geld verlangt).
- Er kann einen anderen Lieferanten engagieren, der den Code nicht gut kennt.

Man kann dies auch mit XP tun, wenn man will. Das Team könnte zum Kunden kommen oder der Kunde könnte zum Team kommen. Man würde das Planungsspiel spielen, um den Arbeitsumfang festzulegen. Wenn der Vertrag erfüllt ist, könnte das Team gehen und den Kunden mit dem Code sich selbst überlassen.

In gewisser Hinsicht wäre dies besser als die typische Outsourcing-Vereinbarung. Der Kunde hätte zumindest die Komponenten- und Funktionstests, mit denen er sicherstellen kann, dass von ihm vorgenommene Änderungen die vorhandene Funktionalität nicht beeinträchtigen. Der Kunde könnte den Programmierern über die Schulter schauen, sodass er eine ungefähre Ahnung davon hätte, was sich im Innern des Systems befindet. Und der Kunde wäre in der Lage, die laufende Entwicklung zu lenken.

Insourcing

Sie haben vielleicht schon bemerkt, dass ich kein großer Outsourcing-Fan bin. Die Lieferung des gesamten Umfangs bei Arbeitsende, die beim Outsourcing üblich ist, verstößt gegen das Prinzip der inkrementellen Veränderungen. Es gibt eine Oursourcing-Variante, die XP leisten kann. Was passiert, wenn man nach und nach die Teammitglieder durch Techniker des Kunden ersetzt? Ich bezeichne dies als »Insourcing«.

Das Insourcing hat viele Vorteile gegenüber dem Outsourcing. Beispielsweise kann der Lieferant dem Kunden detaillierte technische Kenntnisse vermitteln. Indem die Verantwortung für das System nach und nach verlagert wird, geht der Kunde beim Insourcing nicht das Risiko ein, ein Programm zu erben, das er nicht aufrechterhalten kann.

Sehen wir uns ein Insourcing-Beispiel mit einem Lieferanten und einem Team von 10 Personen an. Der Vertrag läuft über 12 Monate. Die anfängliche Entwicklung dauert drei Monate, danach folgen 9 Monate lang monatliche Lieferungen. Der Kunde stellt für die anfängliche Entwicklung einen Techniker zur Verfügung. Danach bringt der Kunde jeden Monat eine weitere Person ins Team und der Lieferant entfernt eine Person daraus. Am Ende der Vertragsdauer besteht die Hälfte des Teams aus Angestellten des Kunden, die das Programm unterstützen und die Entwicklung fortsetzen können, wenn auch etwas langsamer.

Die Entwicklung wird aufgrund der häufigen Wechsel im Team sicher nicht so schnell voranschreiten wie bei einem klassischen Outsourcing-Vertrag, bei dem das Team des Lieferanten stabil bleibt. Das verringerte Risiko mag es aber wert sein.

XP unterstützt das Insourcing, da das Team ständig seinen Arbeitsfortschritt misst. Da die Teammitglieder wechseln, wird das gesamte Team mal schneller, mal langsamer arbeiten. Indem das Team ständig die erreichte Produktivität misst, kann es daran ausrichten, zu wie viel es sich in einer Iteration des Planungsspiels verpflichtet. Da Experten das Team verlassen und durch weniger erfahrene Mitarbeiter ersetzt werden, kann das Team die verbleibenden Aufgaben neu einschätzen.

Abrechnung nach Aufwand

Bei Verträgen über Zeit- und Materialaufwand rechnet das XP-Team nach Stunden oder Tagen ab. Der übrige Prozess läuft so wie beschrieben ab.

Problematisch an solchen Verträgen ist, dass sie die Ziele des Lieferanten den Zielen des Kunden entgegensetzen. Der Lieferant möchte so viele Leute wie möglich in dem Projekt einsetzen, um seine Einnahmen zu maximieren. Und der Lieferant ist versucht, Überstunden machen zu lassen, um mehr Einnahmen pro Monat zu erhalten. Der Kunde möchte, dass in möglichst kurzer Zeit mit möglichst wenig Leuten möglichst viel Funktionalität implementiert wird.

Wenn die Beziehung zwischen Lieferant und Kunde gut ist, können Verträge dieser Art funktionieren, aber es wird immer unterschwellige Spannungen geben.

Abschlussbonus

Eine ausgezeichnete Möglichkeit, die Interessen des Lieferanten und des Kunden bei Festpreis- oder Aufwandsabrechnungsverträgen einander anzunähern, besteht darin, einen Bonus für die rechtzeitige Fertigstellung des Projekts zu zahlen. In gewisser Hinsicht ist dies für ein XP-Team eine Wette, die es nicht verlieren kann. Aufgrund der Kontrolle, die es durch das Planungsspiel hat, ist es sehr wahrscheinlich, dass es den Bonus einstreichen kann.

Das hässliche Gegenstück des Abschlussbonus ist die Strafe für Verzögerungen. Auch hier verschafft das Planungsspiel dem Team wieder einen Vorteil, wenn es einer Strafe für Verzögerungen zustimmt. Das Team kann ziemlich sicher sein, dass es das System pünktlich fertig stellt, und daher ist es unwahrscheinlich, dass es die Strafe zahlen muss.

Eine Sache, die man bei der Formulierung von Abschlussbonus- und Strafklauseln für XP-Projekte beachten muss, ist, dass das Planungsspiel unweigerlich in einer Änderung des Projektumfangs resultiert. Ein Kunde, der wirklich darauf aus ist, den Lieferanten hereinzulegen, könnte sagen: »Es ist jetzt der erste April und Sie haben noch nicht alle Leistungsmerkmale implementiert, die im Originalvertrag stehen. Vergessen Sie den Bonus und fangen Sie lieber an zu zahlen.« Und der Kunde könnte das sagen, auch wenn das System bereits erfolgreich in Produktion ist.

Im Allgemeinen stellt dies kein Problem dar. Wenn es Weihnachten ist und Geschenke unter dem Baum liegen, dann zählt der Kunde wahrscheinlich nicht nach, ob es sich um genau diejenigen Geschenke handelt, die auf seiner Wunschliste standen, insbesondere wenn er selbst einige Geschenke ausgetauscht hat.

Vorzeitige Beendigung

Eines der Merkmale von XP besteht darin, dass der Kunde während des laufenden Projekts genau sehen kann, was er bekommen wird. Was passiert, wenn er auf halber Strecke entdeckt, dass das Projekt nicht mehr sinnvoll ist? Für den Kunden ist es Geld wert, wenn er in der Lage ist, ein Projekt vorzeitig zu beenden. Ziehen Sie in Betracht, eine zusätzliche Klausel in Verträge aufzunehmen, die es dem Kunden erlaubt, das Projekt zu stoppen und dafür einen entsprechenden Anteil der Gesamtkosten zu übernehmen und dem Lieferanten vielleicht eine zusätzliche Entschädigung dafür zu zahlen, dass er sich kurzfristig um einen neuen Auftrag bemühen muss.

Frameworks

Kann man XP zur Entwicklung von Frameworks einsetzen? Wenn eine der Regeln lautet, dass man jegliche Funktionalität entfernt, die nicht aktuell in Verwendung ist, würde man dann nicht schlussendlich das gesamte Framework entfernen?

XP eignet sich nicht besonders für eine »vorausplanende Wiederverwendung«. Man würde in einem XP-Projekt niemals sechs Monate zur Erstellung von Frameworks aufwenden und sie erst dann beginnen zu verwenden. Man würde auch das »Frameworkteam« nicht vom »Anwendungsteam« trennen. In XP erstellen wir Anwendungen. Wenn nach Jahren ständiger Verbesserungen einige Abstraktionen so aussehen, als könnten sie allgemein hilfreich sein, dann kann man anfangen, darüber nachzudenken, wie man sie allgemein verfügbar machen könnte.

Wenn der Zweck des Projekts darin besteht, ein Framework für die externe Verwendung zu entwickeln, könnte man XP hierzu einsetzen. Im Planungsspiel würde die Geschäftsseite von einem Programmierer repräsentiert, der bereits die Art von Anwendungen wirklich entwickelt hat, die das Framework unterstützen soll. Die Merkmale des Frameworks würden in den Storycards auftauchen.

Wurde das Framework außerhalb des Teams entwickelt, dann muss man konservativer hinsichtlich des Refactoring sein, das sichtbare Schnittstellen ändern würde. Wenn man Kunden vor dem bevorstehenden Verschwinden eines Leistungsmerkmals warnt und dafür Missbilligung erntet, führt das dazu, dass man die Schnittstelle des Framework weiterentwickelt und dafür in Kauf nimmt, eine Zeit lang zwei Schnittstellen zu unterstützen.

Kommerzielle Produkte

Man kann XP auch zur Entwicklung kommerzieller Software einsetzen. Die Rolle der Geschäftsseite wird hier von der Marketingabteilung übernommen. Sie ist es, die herausfindet, welche Leistungsmerkmale der Markt will, wie viel von jedem Leistungsmerkmal erforderlich ist und in welcher Reihenfolge die Leistungsmerkmale implementiert werden sollten.

Eine weitere Möglichkeit besteht darin, einen professionellen Anwender der Software zu engagieren, der die Geschäftsseite repräsentiert. Beispielsweise engagieren Hersteller von Computerspielen professionelle Anwender von Spielen, um ihre Software zu testen. Softwarefirmen, die Finanzmaklersoftware entwickeln, engagieren Makler. Wenn Sie ein Satzprogramm entwickeln, wären Sie verrückt, würden Sie keinen professionellen Setzer in das Team aufnehmen. Und das wäre genau die Person, die entscheiden sollte, ob Leistungsmerkmal A oder B auf die nächste Version verschoben wird.

27 Schlussfolgerung

Alle Methoden beruhen auf Angst. Man versucht, Gewohnheiten zu etablieren, die verhindern, dass sich die eigenen Ängste bewahrheiten. XP unterscheidet sich in dieser Hinsicht nicht von anderen Methoden. Der Unterschied besteht darin, dass die Ängste in XP eingebettet werden. In dem Grad, in dem XP meine Schöpfung ist, reflektiert XP meine Ängste. Ich fürchte mich davor

- an etwas zu arbeiten, was nicht von Belang ist
- dass Projekte eingestellt werden, weil ich nicht genügend technische Fortschritte gemacht habe
- schlechte geschäftliche Entscheidungen zu treffen
- dass Geschäftsleute schlechte technische Entscheidungen für mich treffen
- am Ende meiner Laufbahn als Programmierer von Systemen angelangt zu sein und festzustellen, dass ich nicht genügend Zeit mit meinen Kindern verbracht habe
- Arbeit zu leisten, auf die ich nicht stolz bin

XP spiegelt auch die Dinge wider, vor denen ich keine Angst habe. Ich fürchte mich nicht davor

- zu programmieren
- meine Meinung zu ändern
- weiterzumachen, ohne genau zu wissen, was mich in der Zukunft erwartet
- mich auf andere Leute zu verlassen
- die Analyse und das Design eines in Betrieb befindlichen Systems zu ändern
- Tests zu schreiben

Ich musste lernen, mich nicht vor diesen Dingen zu fürchten. Das war nicht leicht, gerade weil mich so viele Stimmen davor warnten, dass es sich dabei um genau dasjenige handelte, vor dem ich mich fürchten sollte, dasjenige, das ich unbedingt vermeiden sollte.

Erwartung

Ein junger Mann ging zu einem Meister im Schwertkampf. Die beiden saßen in der Sonne vor der Hütte des Meisters, als der Meister den Jungen in der ersten Lektion unterrichtete: »Hier ist dein hölzernes Übungsschwert. Ich kann dich jederzeit mit meinem hölzernen Schwert treffen, und das musst du verhindern.« *Peng!*

»Aua!«

»Ich sagte ‚jederzeit'.« *Peng!*

»Aua!«

Der Schüler hob sein Schwert und sah den Meister wütend an.

»Nein, jetzt schlage ich nicht, denn das erwartest du jetzt.«

Innerhalb der nächsten Tage holte sich der Schüler eine nette Sammlung blauer Flecke. Er versuchte auf alles in seiner Umgebung zu achten. Aber wann immer seine Aufmerksamkeit nachließ, *Peng!*

Der Schüler konnte nicht in Ruhe essen. Er konnte nicht schlafen. Er fürchtete sich vor allem, schaute vorsichtig um Ecken und lauschte nach jedem kleinen Geräusch. Aber jedes Mal, wenn seine Augen zufielen oder er vergaß, aufmerksam zu lauschen, *Peng!*

Es dauerte nicht lange, bis er sich hinsetzte und vor Frustration weinte. »Ich kann das nicht mehr ertragen. Ich bin nicht dazu gemacht, ein Schwertkämpfer zu sein. Ich gehe nach Hause.« Ohne genau zu wissen, warum, zog er in diesem Moment sein Schwert und wirbelte herum, um den Schlag des Meisters abzublocken. Der Meister sagte: »Jetzt bist du bereit zu lernen.«

Wir können uns selbst mit Erwartungen verrückt machen. Indem wir uns auf jede vorstellbare Eventualität vorbereiten, machen wir uns verwundbar für die Eventualitäten, die wir uns nicht vorstellen können.

Man kann an die Dinge auch anders herangehen. Das Team kann zu jedem Zeitpunkt darauf vorbereitet sein, in jede beliebige Richtung zu gehen, die das Geschäft oder das System erfordert. Indem das Team explizit darauf verzichtet, sich auf Änderungen vorzubereiten, bereitet es sich paradoxerweise auf jede Art von Änderung vor. Das Team erwartet nichts. Daher kann es auch nicht überrascht werden.

A Kommentierte Bibliografie

Diese Bibliografie soll Ihnen die Möglichkeit geben, jene Aspekte von XP eingehender kennen zu lernen, die Sie interessieren.

Philosophie

Sue Bender, *Plain and Simple: A Woman's Journey to the Amish*, HarperCollins, 1989; ISBN 0062501860 (dt.: Sue Bender: So einfach wie das Leben. Eine Frau bei den Amischen; die Geschichte einer Wandlung, List 1996, ISBN 3-471-77190-5)

Mehr ist nicht besser. Weniger ist aber auch nicht besser.

Leonhard Coren, *Wabi-Sabi: For Artists, Designers, Poets, and Philosophers*, Stone Bridge Press, 1994; ISBN 1880656124

XP hat nicht irgendeine Art von transzendentaler Perfektion der Programme zum Ziel. Wabi-Sabi ist eine ästhetische Verherrlichung des Ungeschliffenen und Funktionalen.

Richard Coyne, *Designing Information Technology in the Postmodern Age: From Method to Metaphor*, MIT Press, 1995; ISBN 0262032287

Behandelt die Unterschiede zwischen modernistischem und postmodernem Denken, ein Thema, das XP durchzieht. Enthält zudem eine ausgezeichnete Diskussion zur Bedeutung von Metaphern.

Philip B. Crosby, *Quality is Free: The Art of Making Quality Certain*, Mentor Books, 1992; ISBN 0451625854

Bricht aus dem Nullsummenmodell der vier Variablen – Zeit, Umfang, Kosten und Qualität – aus. Man kann Software nicht schneller fertig stellen, indem man an der Qualität Abstriche macht. Stattdessen stellt man Software schneller fertig, indem man die Qualität erhöht.

George Lakoff und Mark Johnson, *Philosophy in the Flesh: The Embodied Mind and Its Challenge to Western Thought*, Basic Books, 1998; ISBN 0465056733

Eine weitere gute Abhandlung zu den Themen Metaphern und Denken. Die Beschreibung, wie sich Metaphern vermischen und völlig neue Metaphern formen, ähnelt dem, was im Denken der Softwareentwicklung passiert. Die alten Metaphern, die aus dem Bauingenieurswesen, der Mathematik usw. übernommen werden, verwandeln sich langsam zu einer eindeutigen Softwareentwicklungsmetapher.

Bill Mollison und Rena Mia Slay, *Introduction into Permaculture*, Ten Speed Press, 1997; ISBN 0908228082

Die in der westlichen Welt praktizierte hochintensive Nutzung wird in der Regel mit Ausbeutung und Erschöpfung assoziiert. Permaculture ist eine Disziplin aus der Landwirtschaft, deren Ziel darin besteht, durch die Synergieeffekte einfacher Verfahren eine anhaltende hochintensive Nutzung zu ermöglichen. Von besonderem Interesse ist der Gedanke, dass das meiste Wachstum dort vorkommt, wo Bereiche miteinander interagieren. Permaculture maximiert die Interaktionen durch spiralförmige Pflanzungen und Seen mit stark unregelmäßigen Formen. XP maximiert die Interaktionen durch Kunden vor Ort und die Programmierung in Paaren.

Geisteshaltung

Christopher Alexander, *Notes on the Synthesis of Form*, Harvard University Press, 1970; ISBN 0674627512

Christopher Alexander betrachtet das Design als Entscheidungen, mit denen widersprüchliche Zwänge gelöst werden, die wiederum zu weiteren Entscheidungen führen, mit denen auf die verbleibenden Zwänge eingegangen wird.

Christopher Alexander, *The Timeless Way of Building*, Oxford University Press, 1979; ISBN 0195024028

Die beschriebene Beziehung zwischen Designern/Erbauern und den Bewohnern der Gebäude ähnelt stark der Beziehung zwischen Programmierern und Kunden.

Cynthia Heimel, *Sex Tips for Girls*, Simon & Schuster, 1983; ISBN 0671477250 (dt.:Cynthia Heimel: Sex-Tips für Girls. Goldmann 1998, 3-442-44194-3)

Die ultimative Technik ist echter Enthusiasmus. Ist der gegeben, ergibt sich alles andere von selbst. Fehlt er, kann man es vergessen.

The Princess Bride, Rob Reiner, Regisseur, MGM/UA Studios, 1987.

»We'll never make it out alive.«
(»Wir werden hier niemals lebend herauskommen.«)
»Nonsense. You're just saying that because no one ever has.«
(»Unsinn. Das sagst das nur, weil es noch nie jemand getan hat.«)

Field Marshal Irwin Rommel, *Attacks: Rommel*, Athena, 1979; ISBN 0960273603

Unterhaltsame Beispiele für das Vorgehen unter anscheinend hoffnungslosen Umständen.

Frank Thomas und Ollie Johnston, *Disney Animation: The Illusion of Life*, Hyperion, 1995; ISBN 0786860707

Beschreibt, wie sich die Teamstruktur bei Disney über die Jahre entwickelt hat, um mit wirtschaftlichen und technologischen Änderungen umgehen zu können. Enthält auch viele gute Tipps für das Benutzeroberflächendesign und einige wirklich gute Bilder.

Prozesse

Christopher Alexander, Sara Ishikawa und Murray Silverstein, *A Pattern Language*, Oxford University Press, 1977; ISBN 0195019199 (dt.: Christopher Alexander, Sara Ishikawa und Murray Silverstein: Eine Mustersprache. Städte, Gebäude, Konstruktion. Löcker 1995, 3-85409-179-6)

Beispiel für ein Regelsystem, das aufstrebende Eigenschaften hervorbringen soll. Man kann darüber diskutieren, ob diese Regeln erfolgreich sind oder nicht, aber die Regeln selbst sind ein interessanter Lesestoff. Enthält auch eine ausgezeichnete, wenn auch zu kurze Abhandlung zum Design von Arbeitsplätzen.

James Gleick, *Chaos: Making a New Science*, Penguin USA, 1988; ISBN 0140092501 (dt.: James Gleick: Chaos – die Ordnung des Universums. Vorstoß in Grenzbereiche der modernen Physik. Droemer Knaur 1990, 3-426-04078-6)

Eine sanfte Einführung in die Chaostheorie.

Stuart Kauffman, *At Home in the Universe: The Search for Laws of Self-Organization and Complexity*, Oxford University Press, 1996; ISBN 0195111303 (dt.: Stuart Kauffmann: Der Öltropfen im Wasser. Chaos, Komplexität, Selbstorganisation in Natur und Gesellschaft. Piper 1998, 3-492-22654-X)

Eine weniger sanfte Einführung in die Chaostheorie.

Roger Lewin, *Complexity: Life at the Edge of Chaos*, Collier Books, 1994; ISBN 0020147953 (dt.: Roger Lewin: Die Komplexitätstheorie. Wissenschaft nach der Chaosforschung. Droemer Knaur 1996, 3-426-77190-X)

Noch mehr Chaostheorie.

Margaret Wheatley, *Leadership and the New Science*, Berrett-Koehler Pub, 1994; ISBN 1881052443

Beantwortet die Frage: Was passiert, wenn man die Theorie der sich selbst organisierenden ordnenden Systeme als Metapher für das Management verwendet?

Systeme

Gerald Weinberg, *Quality Software Management: Volume 1, Systems Thinking*, Dorset House, 1991; ISBN 0932633226 (dt.: Gerald Weinberg: Systemdenken und Softwarequalität. Hanser 1994, 3-446-17713-2)

Ein System und eine Notation für die Betrachtung von Systemen miteinander interagierender Aktionen.

Norbert Wiener, *Cybernetics*, MIT Press, 1961; ISBN 1114238089 (dt.: Norbert Wiener: Kybernetik. Regelung und Nachrichtenübermittlung in Lebewesen und Maschinen. Rowohlt 1968)

Eine wesentlich tiefergehende, wenn auch schwierigere Einführung in Systeme.

Warren Witherell und Doug Evrard, *The Athletic Skier*, Johnson Books, 1993; ISBN 1555661173

Ein System voneinander abhängiger Regeln für das Skifahren. Quelle der 20:80-Regel.

Menschen

Tom DeMarco und Timothy Lister, *Peopleware*, Dorset House, 1999; ISBN 0932633439 (dt.: Tom DeMarco und Timothy Lister: Wien wartet auf Dich! Der Faktor Mensch im DV-Management. Hanser 1991, 3-446-16229-1)

Als Nachfolger des Titels *The Psychology of Computer Programming* erweitert dieses Buch den praktischen Dialog über Programme, die von Menschen und insbesondere von Teams geschrieben werden. Dieses Buch war die Quelle meines Prinzips der »übernommenen Verantwortung«.

Carlo d'Este, *Fatal Decision: Anzio and the Battle for Rome*, Harper-Collins, 1991; ISBN 006092148X

Beschreibt, was passiert, wenn das Ego dem klaren Denken im Weg steht.

Robert Kanigel, *The One Best Way: Frederick Winslow Taylor and the Enigma of Efficiency*, Penguin, 1999; ISBN 0140260803

Ein Biographie Taylors, die seine Arbeit in einen Kontext stellt, der die Grenzen seines Denkens aufzeigt.

Gary Klein, *Sources of Power*, MIT Press, 1999; ISBN 0262611465

Ein einfacher, lesbarer Text darüber, wie erfahrene Leute in schwierigen Situationen tatsächlich Entscheidungen treffen.

Thomas Kuhn, *The Structure of Scientific Revolutions*, University of Chicago Press, 1996; ISBN 0226458083 (dt.: Thomas Kuhn: Die Struktur wissenschaftlicher Revolutionen. Suhrkamp 1973)

XP ist für manche Leute ein Paradigmenwechsel. Paradigmenwechsel haben vorhersehbare Auswirkungen. Hier werden einige davon beschrieben.

Scott McCloud, *Understanding Comics*, Harper Prennial, 1994; ISBN 006097625X (dt.: Scott MacCloud: Comics richtig lesen. Carlsen-Studio 1994, 3-551-72113-0)

Die letzten Kapitel handeln davon, warum Leute Comics schreiben. Mich regte das dazu an, darüber nachzudenken, warum ich Programme schreibe. Das Buch enthält auch gutes Material über die Beziehung zwischen dem Handwerk des Comic-Schreibens und der Kunst der Comics, welche vergleichbar sind mit dem Handwerk des Schreibens von Programmen (Testen, Refactoring) und der Kunst des Programmierens. Es enthält zudem gutes Material für Benutzeroberflächendesigner zu den Fragen, wie man durch Freiräume zwischen Dingen kommuniziert und wie man Informationen übersichtlich in kleine Räume packt.

Geoffrey A. Moore, *Crossing the Chasm: Marketing and Selling High-Tech Products to Mainstream Customers*, HarperBusiness, 1999; ISBN 0066620023

Paradigmenwechsel aus der Geschäftsperspektive. Verschiedene Leute werden darauf vorbereitet sein, XP in verschiedenen Stadien seiner Evolution zu übernehmen. Einige der Hindernisse sind vorhersehbar und können mithilfe einfacher Strategien angegangen werden.

Frederick Winslow Taylor, *The Principles of Scientific Management*, Institute of Industrial Engineers, 2. Aufl., 1998 (1. Aufl. 1911); ISBN 089801822 (dt.: Frederick Taylor: Die Grundsätze wissenschaftlicher Betriebsführung. Raben Verlag 1983)

Dies ist das Buch, das den »Taylorismus« begründete. Durch Spezialisierung und striktes Teilen und Herrschen konnten mehr Autos billiger produziert werden. Meiner Erfahrung nach eignen sich diese Prinzipien nicht als Strategien für die Softwareentwicklung, sie sind hier weder in wirtschaftlicher Hinsicht, noch in menschlicher Hinsicht sinnvoll.

Barbara Tuchman, *Practicing History*, Ballantine Books, 1991; ISBN 0345303636 (dt.: Barbara Tuchman: In Geschichte denken. Claasen 1982, 3-546-49188-2)

Eine umsichtige Historikerin denkt darüber nach, warum sie Geschichte betreibt. Wie *Understanding Comics* regt dieses Buch dazu an, darüber nachzudenken, warum man das tut, was man tut.

Colin M. Turnbull, *The Forest People: A Study of the Pygmies of the Congo*, Simon & Schuster, 1961; ISBN 0671640992 (dt.: Colin M. Tumbull: Molimo. 3 Jahre bei den Pygmäen. Köln, Berlin 1963)

Eine Gesellschaft, die über eine Fülle von Ressourcen verfügt. Mein Traum ist, dass es möglich wäre, dieses Gefühl in einem Team zu erzeugen.

Colin M. Turnbull, *The Mountain People,* Simon & Schuster, 1972; ISBN 0671640984 (dt.: Colin M. Tumbull: Das Volk ohne Liebe. Der soziale Untergang der Ik (=Mountain). Rowohlt 1973)

Eine Gesellschaft mit knappen Ressourcen. Beschreibt zutreffend einige Projekte, an denen ich beteiligt war. Ich möchte nie mehr diese Art von Leben führen.

Mary Walton und W. Edwards Deming, *The Deming Management Method*, Perigee, 1988; ISBN 0399550011

Deming geht ausdrücklich auf Angst als Leistungsschranke ein. Jeder konzentriert sich auf die statistischen Methoden zur Qualitätskontrolle, aber dieses Buch hat eine Menge über menschliche Gefühle und deren Auswirkungen zu sagen.

Gerald Weinberg, *Quality Software Management: Volume 4, Congruent Action*, Dorset House, 1994; ISBN 0932633285

Wenn man etwas sagt und etwas anderes tut, dann passieren schlimme Dinge. Dieses Buch geht darauf ein, wie man sein Reden und Handeln in Übereinstimmung bringt, wie man Inkongruenzen in anderen erkennt und was man dagegen tun kann.

Gerald Weinberg, *The Psychology of Computer Programming*, Dorset House, 1998; ISBN 0932633420

Programme werden von Menschen geschrieben. Erstaunlich, nicht wahr? Erstaunlich, dass eine Menge Leute das immer noch nicht begreifen ...

Gerald Weinberg, *The Secrets of Consulting*, Dorset House, 1986; ISBN 0932633013

Strategien für die Einführung von Änderungen. Nützlich für jeden Coach.

Projektmanagement

Fred Brooks, *The Mythical Man-Month*, Addison-Wesley, 1995; ISBN 0201835959

Geschichten, die Sie dazu bringen, über die vier Variablen nachzudenken. Die Jubiläumsausgabe enthält auch ein interessantes Gespräch über den berühmten Artikel »No Silver Bullet«.

Brad Cox und Andy Novobilski, *Object-Oriented Programming – An Evolutionary Approach*, Addison-Wesley, 1991; ISBN 0201548348

Ursprung des elektrotechnischen Paradigmas der Softwareentwicklung.

Ward Cunningham, »Episodes: A Pattern Language of Competitive Development«, in *Pattern Languages of Program Design 2*, John Vlissides, Hrsg., Addison-Wesley, 1996; ISBN 0201895277 (auch http://c2.com/ppr/episodes.html)

Viele Ideen von XP wurden zum ersten Mal in diesem Artikel ausgedrückt.

Tom DeMarco, *Controlling Software Projects*, Yourdon Press, 1982; ISBN 0131717111 (dt.: Tom DeMarco: Software-Projektmanagement. Wie man Kosten, Zeitaufwand und Risiko kalkulierbar plant. Wolfram's Fachverlag 1989, 3-925328-92-0)

Ausgezeichnete Beispiele dazu, wie man Feedbacks erzeugt und einsetzt, um Messdaten über Softwareprojekte zu erhalten.

Tom Gilb, *Principles of Sofware Engineering Management*, Addison-Wesley, 1988; ISBN 0201192462

Ein starker Verfechter evolutionärer Lieferstrategien – kleine Versionen, ständiges Refactoring, intensiver Dialog mit dem Kunden.

Ivar Jacobson, *Object-Oriented Software Engineering: A Case Driven Approach*, Addison-Wesley, 1992; ISBN 0201544350

Meine Quelle für das Konzept, die Entwicklung durch Storycards zu steuern.

Ivar Jacobson, Grady Booch, James Rumbaugh, *The Unified Software Development Process*, Addison Wesley Longman, 1999; ISBN 0201571692

Von der Philosophie her stimme ich mit vielem in diesem Buch überein – kurze Versionszyklen, Schwerpunkt auf Metaphern und Einsatz von Storycards zur Steuerung der Entwicklung.

Philip Metzger, *Managing a Programming Project*, Prentice-Hall, 1973; ISBN 0135507561 (dt.: Philip Metzger: Software-Projekte. Planung, Durchführung, Kontrolle. Hanser 1977)

Der früheste Text zum Thema Projektmanagement des Programmierens, den ich finden konnte. Er enthält einige Schätze, aber die Perspektive ist reiner Taylorismus. Von 200 Seiten sind genau zwei Sätze der Wartung gewidmet – das Gegenteil von XP.

Jennifer Stapleton, *DSDM Dynamic Systems Development Method: The Method in Practice*, Addison-Wesley, 1997; ISBN 0201178893

DSDM ist eine Methode, wie man die schnelle Anwendungsentwicklung (RAD) unter Kontrolle bekommen kann, ohne auf ihre Vorteile zu verzichten.

Hirotaka Takeuchi und Ikujiro Nonaka, »The new product development game«, *Harvard Business Review* [1986], 86116:137-146

Ein konsensorientierter Ansatz zur evolutionären Auslieferung. Enthält interessante Ideen dazu, wie man XP auf Teams mit mehr Programmierern abstimmen kann.

Jane Wood und Denise Silver, *Joint Application Development*, John Wiley and Sons, 1995; ISBN 0471042994

Die so genannten »JAD Faciliators« und die XP-Coachs haben ein gemeinsames Wertesystem – unterstützen, ohne zu dirigieren; den Leuten Macht geben, die am ehesten wissen, wie man Entscheidungen fällt, und sich selbst schließlich zurückziehen. JAD konzentriert sich auf die Erstellung eines Anforderungsdokuments, bei dem Programmierer und Kunden darin übereinstimmen, dass es sich implementieren lässt und dass es implementiert werden soll.

Programmierung

Kent Beck, *Smalltalk Best Practice Patterns*, Prentice-Hall, 1996; ISBN 013476904X

Bescheidenheit verbietet jeden Kommentar.

Kent Beck und Erich Gamma, »Test Infected: Programmers Love Writing Tests«, in *Java Report*, Juli 1998, Volume 3, Nummer 7, Seite 37-57

Wie man automatisierte Tests mit Junit, der Java-Version des Test-Frameworks xUnit, schreibt.

John Bentley, *Writing Effecient Programs*, Prentice-Hall, 1982; ISBN 013970251-2

Heilmittel, wenn man befürchtet, nicht schnell genug zu sein.

Edward Dijkstra, *A Discipline of Programming*, Prentice-Hall, 1976; ISBN 013215871X

Programmieren als Mathematik. Mich hat besonders der Gedanke inspiriert, dass die Programmierung vor allem durch das Streben nach Schönheit geleitet wird.

Martin Fowler, *Analysis Patterns*, Addison Wesley Longman, 1996; ISBN 0201895420 (dt.: Martin Fowler, *Analysemuster*, Addison-Wesley 1999, ISBN 3-8273-1434-8)

Ein allgemeines Vokabular für Analyseentscheidungen. Schwieriger zu verstehen als Designmuster, aber in vielerlei Hinsicht tiefschürfender, da die Analysemuster damit in Verbindung stehen, was im Unternehmen vor sich geht.

Erich Gamma, Richards Helms, Ralph Johnson, John Vlissides, *Design Patterns: Elements of Reusable Object-Oriented Software*, Addison-Wesley, 1995; ISBN 0201633612 (dt.: dieselben, *Entwurfsmuster. Elemente wiederverwendbarer, objektorientierter Software*, Addison-Wesley 1996, ISBN 3-89319-950-0)

Ein allgemeines Vokabular für Designentscheidungen.

Donald E. Knuth, *Literate Programming*, Stanford University, 1992; ISBN 0937073814

Eine kommunikationsorientierte Programmiermethode. Die Pflege nach dieser Methode geschriebener Programme ist sehr aufwändig, da sie gegen das Prinzip verstößt, dass man mit leichtem Gepäck reisen soll. Trotzdem sollte jeder Programmierer von Zeit zu Zeit einmal nach dieser Methode programmieren, um sich daran zu erinnern, wie viel es zu kommunizieren gibt.

Steve McConnell, *Code Complete: A Practical Handbook of Software Construction*, Microsoft Press, 1993; ISBN 1556154844

Eine Studie dazu, wie viel Sorgfalt man profitabel in die Programmierung investieren kann.

Bertrand Meyer, *Object-Oriented Software Construction*, Prentice-Hall, 1997; ISBN 0136291554 (dt.: Bertrand Meyer: Objektorientierte Softwareentwicklung. Hanser 1990, 3-446-15773-5)

Design nach Vertrag ist eine Alternative oder Erweiterung für bzw. von Komponententests.

Sonstiges

Barry Boehm, *Software Engineering Economics*, Prentice-Hall, 1981; ISBN 0138221227 (dt.: Barry Boehm: Software-Produktion. Forkel 1986, 3-7719-6301-X)

Das Standardreferenzwerk für Überlegungen, wie viel Software kostet und warum.

Larry Gonick und Mark Wheelis, *The Cartoon Guide to Genetics*, HarperPerennial Library, 1991; ISBN 0062730991

Eine Demonstration der Bedeutung von Zeichnungen als Kommunikationsmittel.

John Hull, *Options, Futures, and Other Derivatives*, Prentice-Hall, 1997; ISBN 0132643677

Die Standardreferenz für die Bestimmung der Preise von Optionen.

Edward Tufte, *The Visual Display of Quantative Information*, Graphics Press, 1992; ISBN 096139210X

Weitere Techniken zur Kommunikation numerischer Informationen über Bilder. Erläutert beispielweise gut, wie man am besten Diagramme mit Messdaten präsentiert. Das Buch ist zudem sehr schön gemacht.

B Glossar

Soweit möglich, verwendet XP allgemein übliches Vokabular. Wo sich die Konzepte von XP merklich von anderen Konzepten unterscheiden, verwenden wir neue Begriffe. Im Folgenden sind die wichtigsten Begriffe des XP-Lexikons aufgeführt.

Automatisierter Test Ein Testfall, der ohne menschliches Zutun ausgeführt wird. Der Test überprüft, ob das System die erwarteten Werte berechnet.

Belastungsfaktor Das gemessene Verhältnis zwischen idealer Entwicklungszeit und Kalenderzeit. Hat typischerweise einen Wert zwischen 2 und 4. (Anm. d. Übers.: Begriff wird mittlerweise nicht mehr verwendet.)

Coach Eine Rolle im Team, die jemand einnimmt, der den Prozess als Ganzes beobachtet und das Team auf potenzielle Probleme oder Verbesserungsmöglichkeiten aufmerksam macht.

Entropie Die Tendenz eines Systems, mit der Zeit fehleranfälliger zu werden, und die Tendenz von Änderungen, teurer zu werden.

Entwicklungsaufgabe Etwas, von dem der Programmierer weiß, dass es das System leisten muss. Aufgaben müssen sich zwischen ein und drei Tagen idealer Entwicklungszeit einschätzen lassen. Die meisten Aufgaben werden direkt von Leistungsmerkmalen abgeleitet.

Erforschung Eine Entwicklungsphase, in der der Kunde deutlich macht, was das System als Einheit tun könnte.

Funktionstest Ein Test, der aus der Perspektive des Kunden geschrieben wird. (Anm. d. Übers.: Der Begriff Funktionstest wurde mittlerweile durch den des Akzeptanztests ersetzt.)

Ideale Entwicklungszeit Die Maßeinheit einer Aufwandsschätzung, bei der man sich fragt: »Wie lange wird dies dauern, wenn es keine Unterbrechungen und Katastrophen gibt?«

Iteration Eine ein- bis vierwöchige Periode. Zu Beginn wählt der Kunde die Leistungsmerkmale aus, die in der ersten Iteration implementiert werden sollen. Am Ende kann der Kunde seine Funktionstests ausführen, um zu bestimmen, ob die Iteration erfolgreich war.

Iterationsplan Ein Stapel mit Storycards (Leistungsmerkmalen) und ein Stapel mit Taskcards (Aufgaben). Programmierer verpflichten sich dazu, Aufgaben zu übernehmen und schätzen den nötigen Aufwand ein.

Komponententest Ein Test, der aus der Perspektive der Programmierer geschrieben wird.

Kunde Eine Rolle im Team. Jemand entscheidet, welche Leistungsmerkmale das System aufweisen muss, welche Leistungsmerkmale zuerst gebraucht werden und welche aufgeschoben werden können, und definiert die Tests, mit denen das korrekte Funktionieren der Storycards verifiziert werden kann.

Manager Eine Rolle im Team, die jemand einnimmt, der Ressourcen zuweist.

Neueinschätzung Eine Planungsmaßnahme, bei der das Team alle noch für eine Version zu erledigenden Leistungsmerkmale neu einschätzt.

Partner Die andere Person, die mit Ihnen zusammen programmiert.

Plankorrektur Eine Planungsmaßnahme, durch die der Kunde am Fertigstellungsdatum einer Version festhalten kann, indem er wegen höherer Aufwandsschätzungen oder einer geringeren Arbeitsgeschwindigkeit des Teams den Umfang der Version reduziert.

Planungsspiel Das XP-Planungsverfahren. Die Geschäftsseite darf festlegen, was das System leisten muss. Die Entwicklung legt fest, wie viel jedes Leistungsmerkmal kostet und welches Budget pro Tag/Woche/Monat zur Verfügung steht.

Produktion Die Entwicklungsphase, während der der Kunde tatsächlich Geld mit dem System verdient.

Programmieren in Paaren Eine Programmierweise, bei der zwei Personen mit einer Tastatur, einer Maus und einem Bildschirm programmieren. In XP ändern sich die Paare typischerweise mehrmals täglich.

Programmierer Eine Rolle im Team für jemanden, der analysiert, ein Design entwirft, testet, programmiert und integriert.

Refactoring Eine Änderung am System, die dessen Verhalten unverändert lässt, aber eine nichtfunktionale Qualität verbessert – Einfachheit, Flexibilität, Verständlichkeit, Leistungsverhalten.

Storycard Beschreibt ein vom Kunden gewünschtes Leistungsmerkmal des Systems. Storycards sollten zwischen ein und fünf Wochen idealer Programmierzeit einschätzbar sein und getestet werden können.

Systemmetapher Eine Geschichte, mit der jeder – Kunde, Programmierer, Manager – die Funktionsweise des Systems veranschaulichen kann.

Taskcard Beschreibt eine Entwicklungsaufgabe.

Teamgeschwindigkeit Die Anzahl von Wochen idealer Programmierzeit, die das Team in einem bestimmten Zeitraum produzieren kann.

Terminmanager (tracker) Eine Rolle im Team, die den Arbeitsfortschritt mithilfe von Daten misst.

Testfall Eine automatisierte Menge von Reizen und Reaktionen für das System. Jeder Testfall sollte das System so hinterlassen, wie er es vorgefunden hat, sodass sich Tests unabhängig voneinander ausführen lassen.

Verpflichtender Terminplan Eine Version und ein Datum. Der verpflichtende Terminplan wird mit jeder Iteration weiter verfeinert und durch erneute Aufwandsschätzungen und Korrekturen modifiziert.

Version Ein Stapel von Storycards (Leistungsmerkmalen), die zusammengenommen ein geschäftliches Erfordernis erfüllen.

Stichwortverzeichnis